ZOUJIN AOMI SHIJIE

走进奥秘世界

令孩子着迷的科学奥秘传奇

LING HAIZI ZHAOMI DE KEXUE AOMI CHUANQI

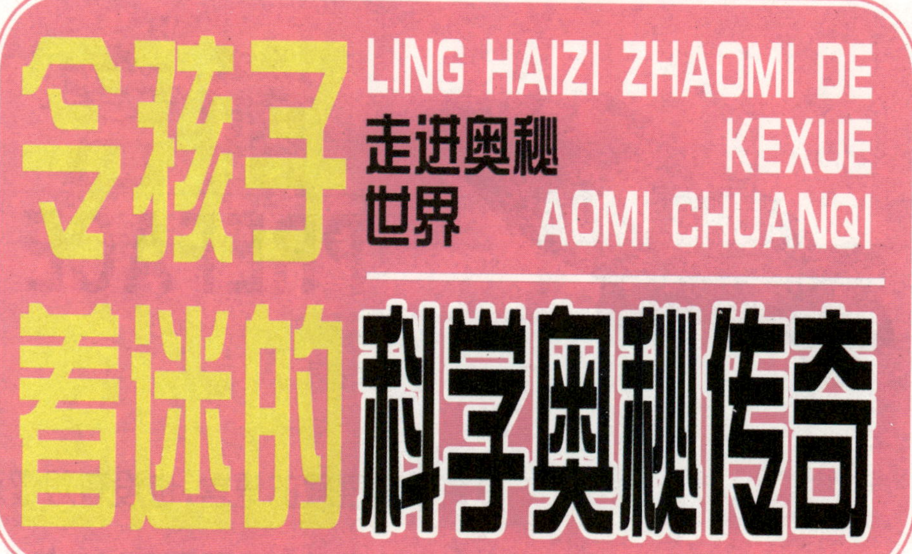

主编 雨田

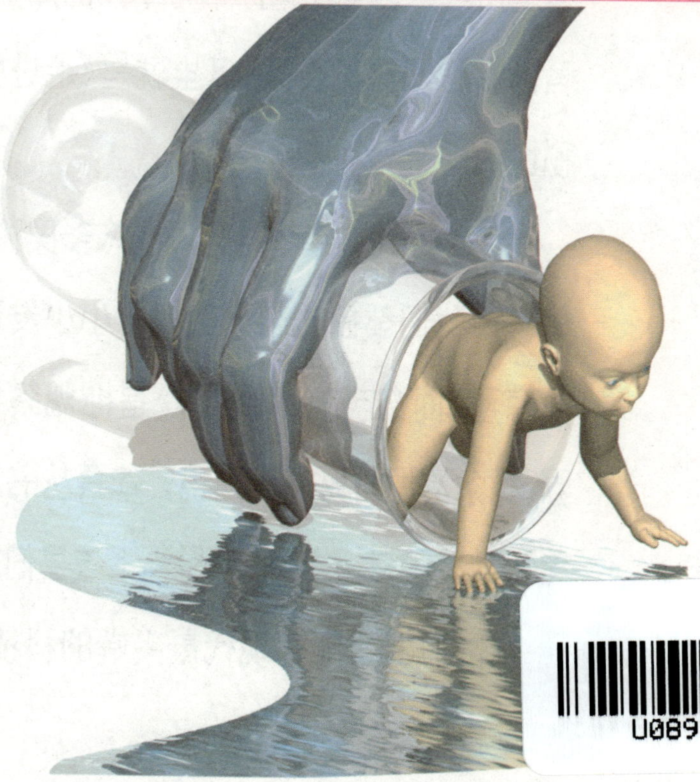

辽宁美术出版社

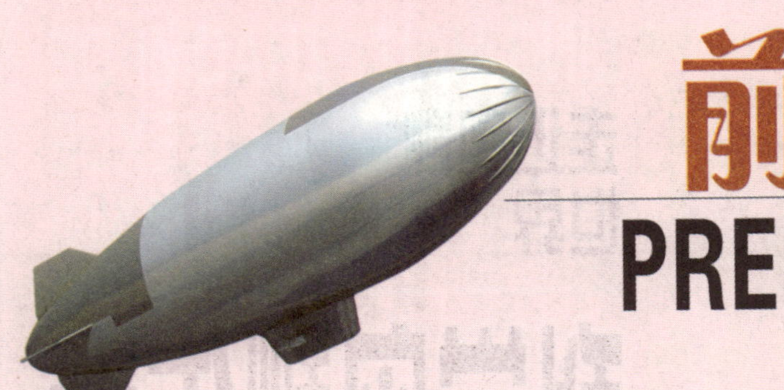

前言

PREFACE

没有平铺直叙的语言，也没有艰涩难懂的讲解，这里却有你不可不读的知识，有你最想知道的答案，这里就是《走进奥秘世界》。

这个世界太丰富，充满了太多奥秘。每一天我们都会为自己的一个小小发现而惊喜，而《走进奥秘世界》是你观察世界、探索发现奥秘的放大镜。本套丛书涵盖知识范围广，讲述的都是当下孩子们最感兴趣的知识，即有现代最尖端的科技，

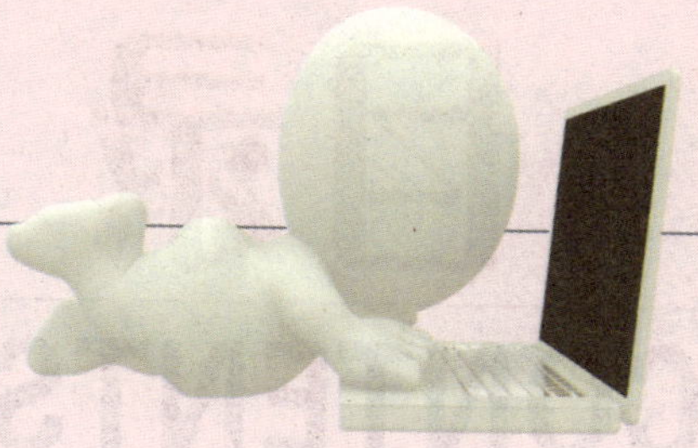

又有源远流长的古老文明；既有驾驶海盗船四处抢夺的海盗，又有开着飞碟频频光临地球的外星人……这里还有许多人类未解之谜、惊人的末世预言等待你去解开、验证。

《走进奥秘世界》系列丛书以综合式的编辑理念，超海量视觉信息的运用，作为孩子成长路上的良师益友，将成功引导孩子在轻松愉悦的氛围内学习知识，得到切实提高。

编　者

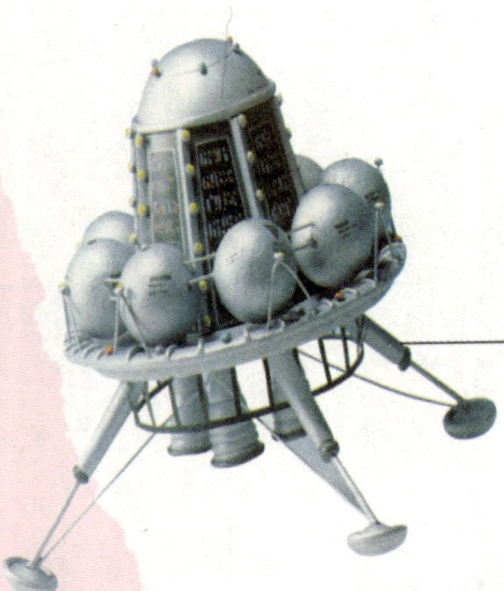

目录

CONTENTS

Chapter 1 第一章

I feel love everywhere
It's like a magic in the air...

Chapter 2 第二章

Chapter 3 第三章

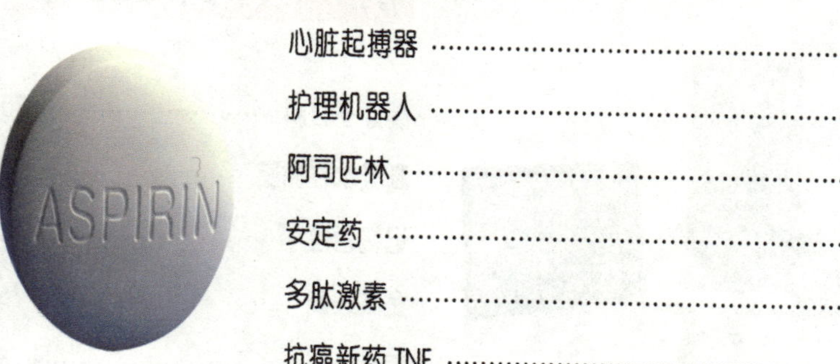

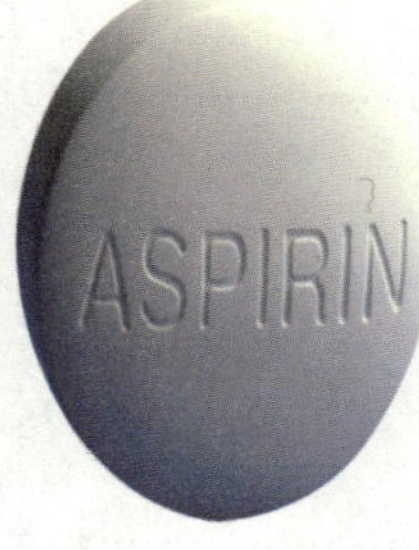

目录

CONTENTS

Chapter 4 第四章

Chapter 5 第五章

Chapter 6 第六章

Chapter 7 第七章

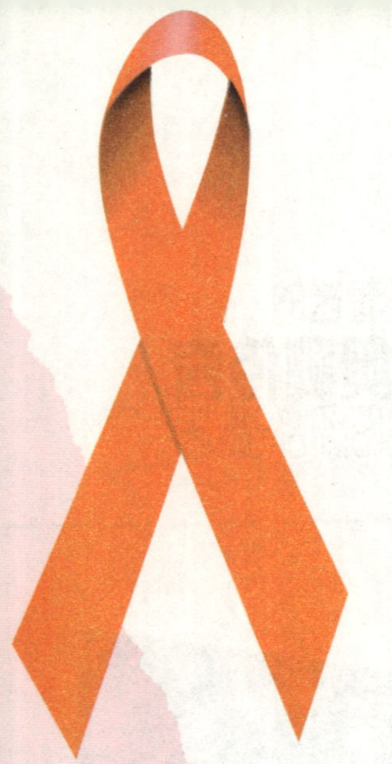

目录

CONTENTS

Chapter 8 第八章

CHAPTER 1 第一章

数学宝典

从数字1、2、3，到四则混合运算，再到微积分、极限，数学知识魅力无穷，生活中无处不见数学的身影。

抽屉原理

ZOUJIN AOMI SHIJIE

bǎ zhuō zi shang de gè pín guǒ fàng dào gè chōu
把桌子上的3个苹果放到2个抽
tì li kě yǐ dì yī gè chōu tì fàng gè dì èr gè
屉里，可以第一个抽屉放1个，第二个
chōu tì fàng gè huò zhě dì yī gè chōu tì fàng gè
抽屉放2个，或者第一个抽屉放2个，
dì èr gè chōu tì fàng gè wú lùn zěn yàng fàng zhì
第二个抽屉放1个，无论怎样放，至
shǎo yǒu yí gè chōu tì li yǒu gè pín guǒ zhè
少有一个抽屉里有2个苹果。这
yí xiàn xiàng jiù shì chōu tì yuán lǐ shì shù
一现象就是“抽屉原理”，是数
xué zhōng de yí gè zhī shi diǎn suī rán zhè ge
学中的一个知识点。虽然这个
yuán lǐ kàn shang qu hěn jiǎn dān dàn tā què néng
原理看上去很简单，但它却能
jiě jué xǔ duō wèn tí bǐ rú rèn yì gè rén zhōng
解决许多问题。比如，任意13个人中，
zhì shǎo yǒu gè rén zài tóng yí gè yuè fèn chū shēng wǒ
至少有2个人在同一个月份出生。我
men bǎ gè rén kàn chéng shì gè pín guǒ yì nián yǒu
们把13个人看成是13个苹果，一年有

gè yuè kàn chéng shì gè chōu tì gēn jù
12个月，看成是12个抽屉，根据
chōu tì yuán lǐ jí kě tuī chū
抽屉原理即可推出
shàng shù jié lùn
上述结论。

地位

抽屉原理是组合数学中的一个重要原理。

应用广泛

抽屉原理在生活中应用广泛。

应用

抽屉原理的内容简明朴素，易于理解。比如，我们可以用抽屉原理推出400个人中至少有两个人生日相同。

提出者

抽屉原理也叫狄利克雷原则，是由德国数学家狄利克雷首先提出来的。

其他名称

抽屉原理也叫鸽巢原理，10只鸽子放进9只笼子，那么至少有一个鸽笼里有两只鸽子。

糊涂的数学家

狄利克雷是德国著名的数学家。他一生只专注于数学事业，对家庭成员并不十分关心。狄利克雷的儿子经常说："啊，我的爸爸除了数学他什么也不懂。"有这样一个有趣的传说，据说狄利克雷的第一个孩子出生时，他给自己岳父的信中只写上了一个式子：2+1=3。

分数线

yì tiáo duǎn héng xiàn jiāng fēn zǐ hé fēn mǔ fēn kāi lái jí biǎo shì fēn shù fēn zǐ xiě zài xiàn shang fēn mǔ xiě zài xiàn xià rú guǒ shì dài fēn shù zé bǎ zhěng shù bù fen xiě zài zuǒ biān fēn shù xiàn kàn qi lai pǔ tōng dàn tā de chū xiàn jīng lì le hěn màn cháng de guò chéng shǒu xiān shì gǔ dài yìn dù rén duì fēn shù de jì fǎ tā

一条短横线“-”将分子和分母分开来即表示分数，分子写在线上，分母写在线下。如果是带分数，则把整数部分写在左边。分数线看起来普通，但它的出现经历了很漫长的过程：首先是古代印度人对分数的记法，他

分数的历史

早在公元前2100年，古巴比伦人就使用了分母是60的分数。公元前1850年左右，埃及的算学文献中也出现了分数。我国春秋时期的《左传》中用分数规定了诸侯的都城大小。秦代的历法规定，一年的天数为三百六十五又四分之一。

分数的名称

分数能够形象生动地表示这个数的特征。比如，四个人吃一个大西瓜，那么我们就可以把西瓜平均分成四份，那么每个人所得的就是这个西瓜的四分之一。从这可以看出，分数是应除法运算的需要而产生的。

最早使用者

最早使用分数的国家是中国。

men bǎ fēn zǐ jì zài shàng miàn fēn mǔ jì zài xià miàn dài fēn shù de zhěng shù
们把分子记在上面，分母记在下面，带分数的整数
bù fen pái zài zuì shàng miàn zhè zhǒng jì
部分排在最上面，这种记
fǎ duì shì jiè de yǐng xiǎng shì xiāng dāng shēn
法对世界的影响是相当深
yuǎn de hòu lái ā lā bó rén gēn jù gè
远的。后来，阿拉伯人根据各
guó duì fēn shù de biǎo shì fāng fǎ chuàng zào
国对分数的表示方法，创造
liǎo xiàn zài de fēn shù xíng shì shì jì
了现在的分数形式。18世纪
hòu rén men wèi le shū xiě de fāng biàn yǒu
后，人们为了书写的方便，有
shí jiāng qí xiě chéng xié xiàn de xíng shì
时将其写成斜线的形式。

分数的应用

分数中的百分数常常应用在调查、统计中，分数则常在计算、测量中的不到整数结果时使用。

分数在中国的使用

我国春秋时期的《左传》中用分数规定了诸侯的都城大小。秦代的历法规定，一年的天数为三百六十五又四分之一。

古代趣题

ZOUJIN AOMI SHIJIE

zhōng guó gǔ dài shù xué chéng jiù jù dà qí zhōng
中国古代数学成就巨大，其中
yǒu yì xiē zhù míng de shù xué qù tí sūn zǐ suàn jīng zhōng
有一些著名的数学趣题。《孙子算经》中
jiù yǒu jī tù tóng lǒng wèn tí jīn yǒu jī tù tóng lǒng
就有“鸡兔同笼”问题：“今有鸡兔同笼，
shàng yǒu sān shí wǔ tóu xià yǒu jiǔ shí sì zú wèn jī tù gè
上有三十五头，下有九十四足，问鸡兔各
jǐ hé hái yǒu hán xìn diǎn bīng wèn tí hán xìn zài
几何？”还有“韩信点兵”问题：“韩信在
diǎn bīng shí mìng lìng shì bīng gè rén pái chéng yì pái jié
点兵时，命令士兵3个人排成一排，结
guǒ duō chū míng shì bīng tā jiē zhe mìng lìng shì bīng gè rén
果多出2名士兵；他接着命令士兵5个人
pái chéng yì pái jié guǒ duō chū míng shì bīng rán hòu tā yòu
排成一排，结果多出3名士兵；然后他又
mìng lìng shì bīng gè rén yì pái jié guǒ yòu duō chū míng
命令士兵7个人一排，结果又多出2名
shì bīng wèn dào dǐ yǒu duō shǎo bīng xiàng zhè yàng de shù xué qù tí jīng jiǔ
士兵，问到底有多少兵？”像这样的数学趣题经久
bù shuāi hái yǒu lǐ bái gū jiǔ bǎi yáng wèn tí děng
不衰，还有“李白沽酒”、“百羊问题”等。

阿拉伯数字

阿拉伯数字是印度人发明的，由阿拉伯人传到欧洲。

12345
67890

数学名著

我国古代数学名著有《孙子算经》、《张丘建算经》等。

趣题来源

韩信点兵问题是后人对“物不知其数”问题的一种故事化。

百鸡问题

中国古代有一个神童。当朝的宰相想要考考他，便给了他100文钱，让他买100只鸡来，要求公鸡、母鸡、小鸡都要有。当时，一只公鸡5文钱，一只母鸡3文钱，三只小鸡一文钱，神童很快算出要买4只公鸡、18只母鸡和78只小鸡。这个神童就是张丘建。

代数学

ZOUJIN AOMI SHIJIE

dài shù xué shì shù xué zhōng de jī chǔ fēn zhī tā de fā zhǎn jīng lì le
代数学是数学中的基础分支，它的发展经历了
zhòng dà de biàn huà dài shù xué kě yǐ fēn wéi chū děng dài shù xué hé chōu xiàng
重大的变化。代数学可以分为初等代数学和抽象
dài shù xué liǎng bù fen chū děng dài shù xué zài shì jì shàng bàn yè zhī qián
代数学两部分。初等代数学在19世纪上半叶之前

知名数学家

中世纪，意大利数学家斐波那契系统地介绍了阿拉伯的算术和代数。

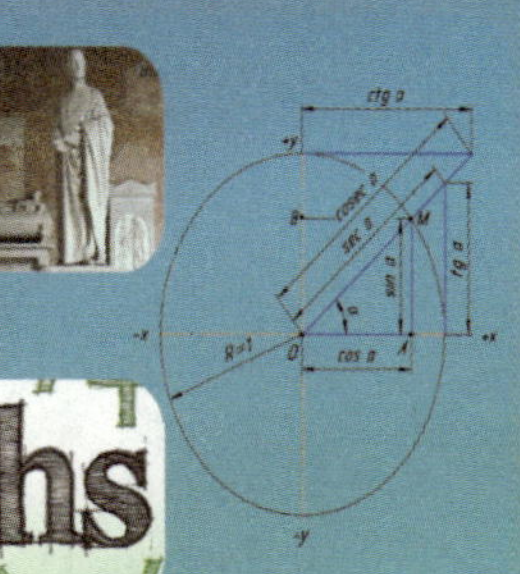

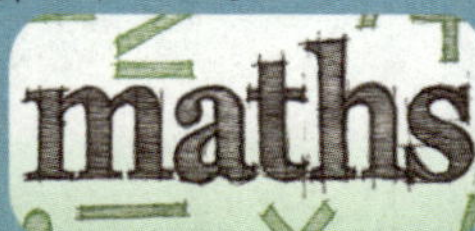

de fāng chéng lǐ lùn jí pàn duàn fāng chéng shì fǒu yǒu jiě zěn yàng qiú fāng
的方程理论，即判断方程是否有解，怎样求方
chéng de jiě děng wèn tí suàn shù zài dài shù zhī qián chū xiàn zhǔ yào shì zhěng
程的解等问题。算数在代数之前出现，主要是整
shù hé fēn shù de sì zé hùn hé yùn suàn ér dài shù zài suàn shù zhōng yǐn rù wèi
数和分数的四则混合运算，而代数在算数中引入未
zhī shù fā zhǎn chéng le chū děng dài shù xué chōu xiàng dài shù xué shì zài chū
知数发展成了初等代数学。抽象代数学是在初
děng dài shù xué de jī chǔ shang fā zhǎn ér chéng de
等代数学的基础上发展而成的。

观点

长期以来，学术界有“代数学是解方程的科学”的观点。

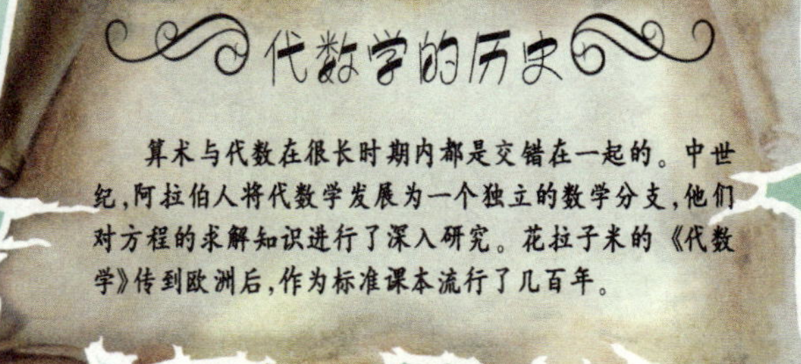

代数学的历史

算术与代数在很长时期内都是交错在一起的。中世纪，阿拉伯人将代数学发展为一个独立的数学分支，他们对方程的求解知识进行了深入研究。花拉子米的《代数学》传到欧洲后，作为标准课本流行了几百年。

几何学

jǐ hé xué shì shù xué zhōng zuì gǔ lǎo de yí gè fēn zhī
几何学是数学中最古老的一个分支。
gǔ dài shù xué jiā duì jǐ hé xué gòng xiàn jù dà jù zhōng guó
古代数学家对几何学贡献巨大：据中国
zǎo qī shù xué zhù zuò zhōu bì suàn jīng jì
早期数学著作《周髀算经》记
zǎi gōng yuán qián nián zuǒ yòu
载，公元前1000年左右，
shāng gāo jiù zhī dào yìng yòng gōu sān gǔ
商高就知道应用勾三股
sì xián wǔ gōu gǔ dìng lǐ lái cè
四弦五（勾股定理）来测
liáng zhè bǐ xī là bì dá gē lā sī
量，这比希腊毕达哥拉斯
fā xiàn gōu gǔ dìng lǐ de shí jiān yào zǎo
发现勾股定理的时间要早
nián yóu āi jí rén jī lěi de jǐ hé xué zhī shi chuán rù xī là
500年。由埃及人积累的几何学知识传入希腊，
jīng xī là rén fā zhǎn ér chéng wéi lùn zhèng jǐ hé xué gōng yuán qián shì
经希腊人发展而成为论证几何学。公元前3世
jì ōu jǐ lǐ dé jí qián rén de jǐ hé zhī shi zhī dà chéng biān xiě chū
纪，欧几里得集前人的几何知识之大成，编写出13

卷《几何原本》。标志着几何学已经发展成为一门比较完整的纯粹数学。

来源

“几何学”出自希腊文，意思是“测量土地的技术”。

《几何原本》?

公元前338年，希腊人欧几里得将前人的知识系统地总结和整理，写成了《几何原本》一书。1607年，我国明代科学家徐光启和利玛窦将《几何原本》翻译成中文。我们现在学习的几何课本也是依据《几何原本》编写的。

分支

几何学分支众多，有平面几何、立体几何、非欧几何、解析几何、拓扑学等。

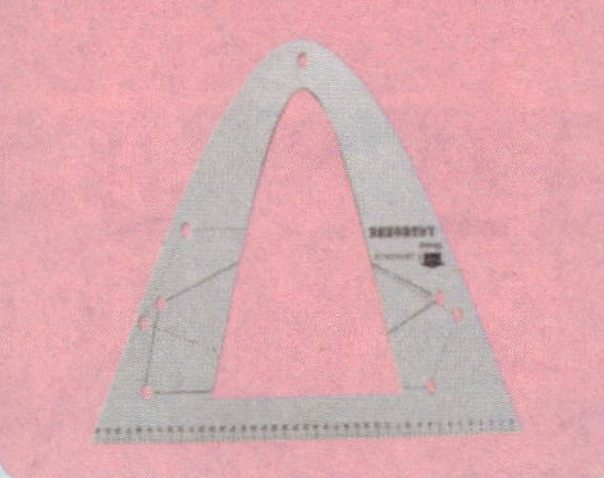

各种各样的几何体

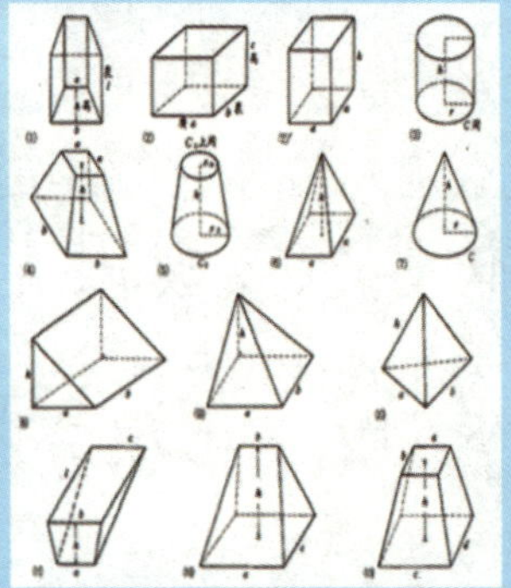

重要性

古希腊哲学家柏拉图曾经说过：“不懂几何者不得入内。”这句话充分说明了几何的重要性。

微积分学

ZOUJIN AOMI SHIJIE

微积分学是数学中的基础分支，内容主要包括函数、极限、微分学、积分学及其应用。函数是微积分研究的基本对象，极限是微积分的基本概念，微分和积分是特定过程特定形式的极限。17世纪下半叶，牛顿和莱布尼兹总结并发展了几百年间前人的成果建立了微积分。19世纪，柯西和魏尔斯特拉斯把微积分建立在极限理论的基础上，加

zhī shì jì xià bàn yè shí shù lǐ lùn de jiàn
之19世纪下半叶实数理论的建
lì yòu shǐ jí xiàn lǐ lùn yǒu le yán gé de lǐ
立，又使极限理论有了严格的理
lùn jī chǔ cóng ér shǐ wēi jī fēn de jī chǔ hé
论基础，从而使微积分的基础和
sī xiǎng fāng fǎ rì zhēn wán shàn
思想方法日臻完善。

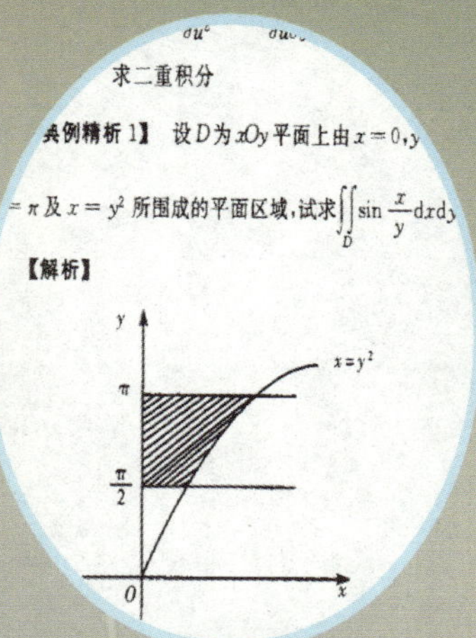
求二重积分

典例精析1】 设 D 为 xOy 平面上由 $x=0,y$ $=\pi$ 及 $x=y^2$ 所围成的平面区域，试求 $\iint_D \sin\frac{x}{y}\mathrm{d}x\mathrm{d}y$

【解析】

地位

微积分的出现使数学迎来了新的繁荣，但也产生了第二次数学危机。

微积分的创造者？

在历史上，牛顿和莱布尼茨几乎同时发现微积分。他们在世时，就对“谁先建立了微积分”有争论，许多学者也卷入了这场持续了100多年的争论之中。但后世认为，发明微积分的荣誉是属于他们两个人的。

应用

宇宙飞船、航天飞机等现代交通工具的建造都有微积分的功劳。

微积分是变量数学。

解析几何

ZOUJIN AOMI SHIJIE

dí kǎ ěr jiāng zuò biāo yǐn rù jǐ hé cóng ér shí xiàn le jǐ hé hé dài
笛卡尔将坐标引入几何，从而实现了几何和代
shù de gōu tōng chuàng lì le jiě xī jǐ hé xué jiě xī jǐ hé xué jiè zhù
数的“沟通”，创立了解析几何学。解析几何学借助
yú zuò biāo xì yòng zuò biāo biǎo shì diǎn yòng fāng chéng biǎo shì tú xíng tōng
于坐标系，用坐标表示点，用方程表示图形，通
guò yán jiū fāng chéng lái yán jiū tú xíng de jǐ hé xìng zhì tā de chuàng lì wèi
过研究方程来研究图形的几何性质。它的创立为
wēi jī fēn de chū xiàn pū píng le dào lù tuī dòng shù xué cóng cháng liàng shù xué
微积分的出现铺平了道路，推动数学从常量数学
xiàng biàn liàng shù xué fā zhǎn yóu yú tā jù yǒu jiě jué gè lèi wèn tí de pǔ
向变量数学发展。由于它具有解决各类问题的普

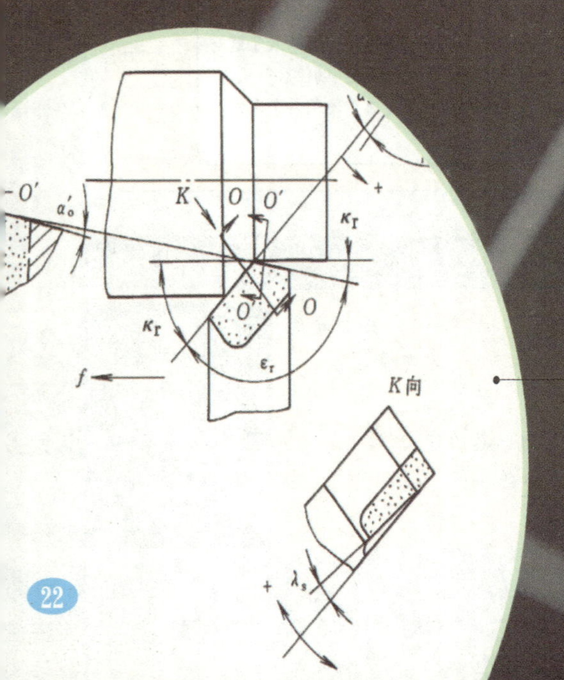

分类

解析几何分为平面解析几何和空间解析几何。

遍性，因此现在已成为几何研究中的一个基本方法。解析几何主要研究以下两个基本问题：①根据已知条件，建立图形和方程；②通过方程研究图形的几何性质。

数学思想的改变

坐标法的思想促使人们用各种代数的方法解决几何问题。

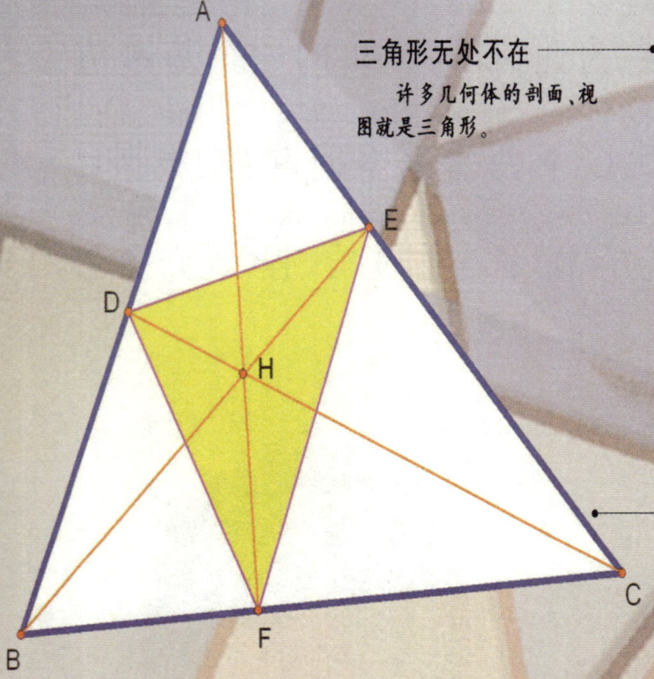

三角形无处不在

许多几何体的剖面、视图就是三角形。

早期三角学

早期的三角学是依附于天文学的一门学科。

三角学

ZOUJIN AOMI SHIJIE

sān jiǎo xué shì yán jiū píng miàn sān jiǎo xíng hé qiú miàn sān jiǎo xíng biān jiǎo guān xì de shù xué xué kē qǐ yuán yú gǔ xī là wèi le mǎn zú cè suàn tiān tǐ yùn xíng lù xiàn jì suàn rì lì háng hǎi děng xū yào gǔ xī là rén tōng guò yán jiū qiú miàn sān jiǎo xíng de biān jiǎo guān xì zhǎng wò le hěn duō dìng lǐ yìn dù rén hé ā lā bó rén zhǔ yào jiāng sān jiǎo xué yìng yòng zài tiān wén xué fāng miàn shì jì sān jiǎo xué de yán jiū zhuǎn rù píng miàn sān jiǎo

三角学是研究平面三角形和球面三角形边角关系的数学学科，起源于古希腊。为了满足测算天体运行路线、计算日历、航海等需要，古希腊人通过研究球面三角形的边角关系，掌握了很多定理。印度人和阿拉伯人主要将三角学应用在天文学方面。15、16世纪，三角学的研究转入平面三角，

三角学应用

古埃及人用三角学建造金字塔、丈量尼罗河两岸的土地。

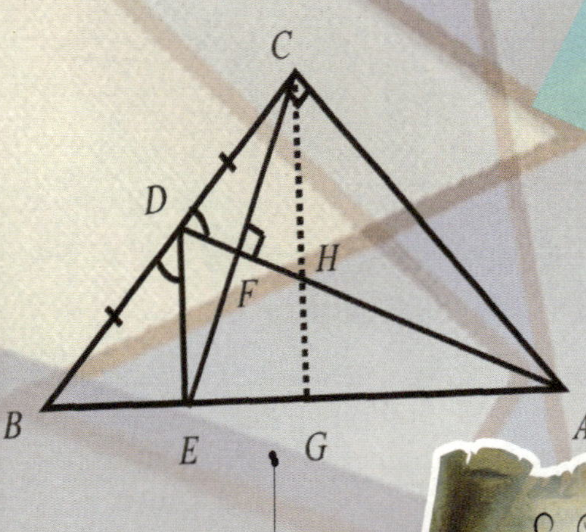

名称来源

“三角学”一词来源于拉丁文，是由“三角形”和“测量”两词凑成。

三角函数表

三角函数是三角学中的内容。15、16 世纪时，就有许多人编制了三角函数表。波兰天文学家哥白尼也制作过三角函数表。奥地利数学家雷蒂库斯首次编制出 6 种三角函数的数表，包括第一张详尽的正切表和第一张印刷的正割表。

以达到测量应用的目的。16世纪法国数学家韦达系统地研究了平面三角，出版了应用三角形的书。此后，平面三角从天文学中分离出来，成为一个独立的分支。

概率论

gài lǜ lùn shì yán jiū suí jī xiàn xiàng shù liàng guī lǜ de shù xué fēn
概率论是研究随机现象数量规律的数学分
zhī suí jī xiàn xiàng shì zhǐ zài jī běn tiáo jiàn bú biàn
支。随机现象是指在基本条件不变
de qíng kuàng xià tōng guò yí xì liè suí jī shì yàn huò
的情况下，通过一系列随机试验或

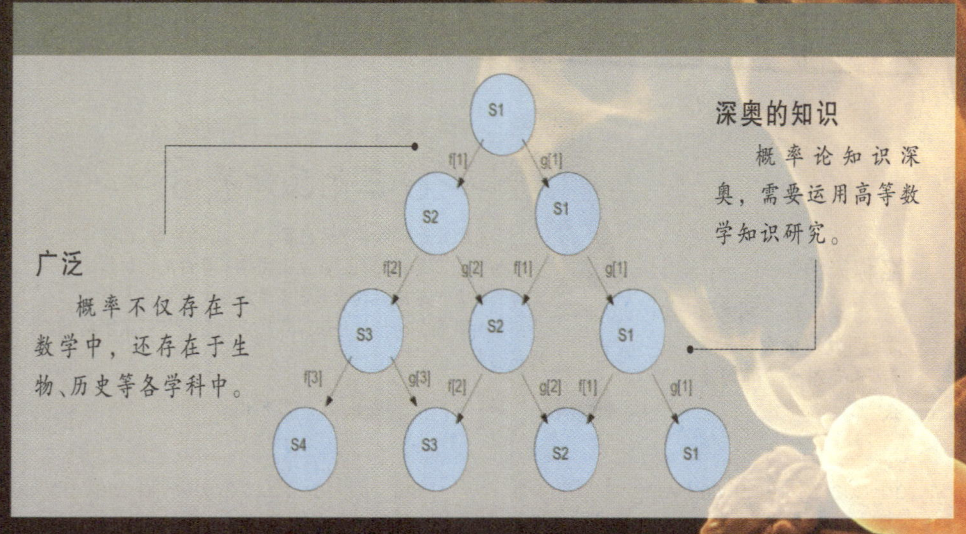

广泛

概率不仅存在于数学中，还存在于生物、历史等各学科中。

深奥的知识

概率论知识深奥，需要运用高等数学知识研究。

产生

用数学方法研究各种结果出现的可能性大小产生了概率论。

发展

人们在赌博中，研究骰子出现的点数推动了概率论的发展。

guān chá huì dé dào bù
观察会得到不
tóng jié guǒ de xiàn
同结果的现
xiàng měi yí cì shì
象。每一次试
yàn bìng bù néng pàn duàn huì chū xiàn nǎ zhǒng jié
验并不能判断会出现哪种结
guǒ jù yǒu ǒu rán xìng lì rú zhì yì méi yìng bì kě néng
果，具有偶然性。例如，掷一枚硬币，可能
chū xiàn zhèng miàn yě kě néng chū xiàn fǎn miàn suí jī shì yàn
出现正面，也可能出现反面。随机试验
huò guān chá de měi yì kě néng jié guǒ chēng wéi yí gè jī běn
或观察的每一可能结果称为一个基本
shì jiàn yí gè huò yì zǔ jī běn shì jiàn tǒng chēng suí jī shì
事件，一个或一组基本事件统称随机事

随机现象

概率论可以研究随机现象，随机现象是和决定性现象（也叫必然现象）相对应的。例如，在标准大气压下，水加热到100℃必然会沸腾，这就是决定性现象。但是同一工艺生产的灯泡，其寿命就可能参差不齐，这就是随机现象。

扑克中的概率

每张牌被抽中的概率为多少是可以计算出来的。

轮盘抽奖

掌握概率知识能避免在轮盘抽奖活动中被骗。

jiàn jiǎn chēng shì jiàn shì jiàn de gài lǜ shì héng liáng gāi shì jiàn fā shēng kě néng xìng
件，简称事件。事件的概率是衡量该事件发生可能性
de liáng dù suī rán suí jī shì jiàn yǒu ǒu rán xìng dàn zài xiāng tóng tiáo jiàn xià dà
的量度。虽然随机事件有偶然性，但在相同条件下，大
liàng chóng fù de suí jī shì yàn què wǎng wǎng chéng xiàn chū míng xiǎn de shù liàng guī
量重复的随机试验却往往呈现出明显的数量规
lǜ lì rú lián xù duō cì zhì yì méi yìng
律。例如，连续多次掷一枚硬
bì chū xiàn zhèng miàn de gài lǜ suí zhe tóu zhì
币，出现正面的概率随着投掷
cì shù de zēng jiā zhú jiàn qū xiàng yú
次数的增加逐渐趋向于1/2。
gài lǜ lùn yǔ shí jì shēng huó yǒu zhe mì qiè
概率论与实际生活有着密切
de lián xì tā zài zì rán kē xué jì shù kē
的联系。它在自然科学、技术科
xué shè huì kē xué jūn shì hé gōng nóng yè
学、社会科学、军事和工农业
shēng chǎn zhōng dōu yǒu guǎng fàn de yìng yòng
生产中都有广泛的应用。

中奖的概率

买3D或者排列3的每注号码中奖的概率是千分之一，买双色球每注号码中奖的概率却大概是一千七百万分之一。

对概率的错误看法

有人说，"如果事情发生了，概率就是百分之百，如果没有发生，概率就是零，"这个观点是错误的。

用途

现在，概率论经常被用做问卷调查或者对经济前景进行预测。

CHAPTER 2 第二章

生物工程

人类是怎样从嗷嗷待哺的婴儿长成大人的呢？为什么我们和父母那么像，却又不完全一样？怎样才能攻克疑难杂症？……

基因工程

ZOUJIN AOMI SHIJIE

jī yīn gōng chéng shì zhǐ zài jī yīn shuǐ píng shang de yí chuán gōng chéng
基因工程是指在基因水平上的遗传工程。
jī yīn shì yì zhǒng fù zhì de xíng shì jiāng tǐ nèi de xìn xī chuán gěi xià yí
基因是一种复制的形式，将体内的信息传给下一
dài shǐ zhěng gè jiā zú zhōng yǒu xiāng sì de tè zhēng shēng wù de yí qiè
代，使整个家族中有相似的特征。生物的一切
shēng mìng xíng wéi dōu yǔ jī yīn yǒu guān měi yí
生命行为都与基因有关，每一
gè jī yīn de yí chuán dōu yǒu yuán shǐ de yí
个基因的遗传，都有原始的遗
chuán wù zhì zài jiā rù xīn de wù zhì cái huì
传物质，再加入新的物质，才会
huò dé lìng yì zhǒng tè zhì zhè yǔ
获得另一种特质，这与
kē xué jì shù jǐn mì xiāng guān
科学技术紧密相关。

用途

基因工程为基因的结构和功能的研究提供了有效的方法。

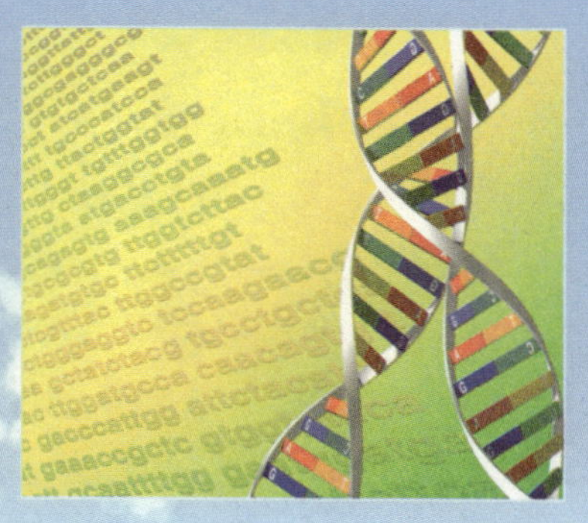

染色体

染色体是遗传物质DNA的载体。

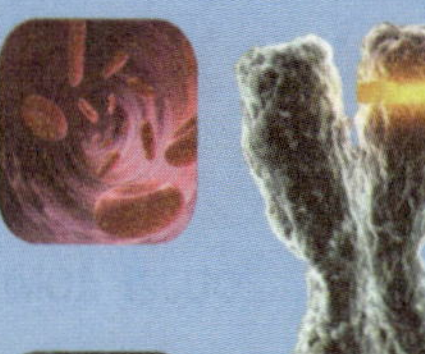
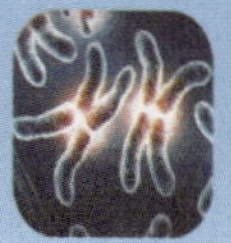
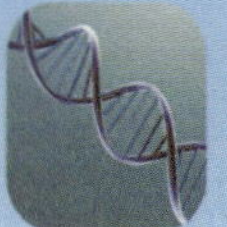
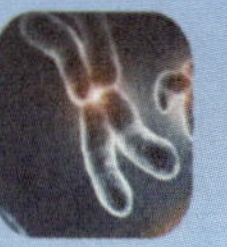
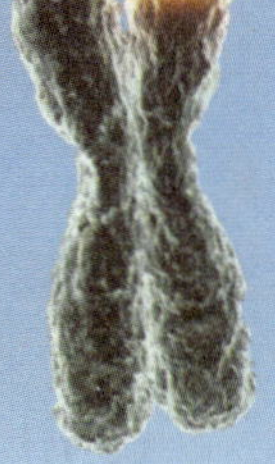

jī yīn gōng chéng shì yí xiàng fù zá de kē xué jì shù néng gěi rén lèi
基因工程是一项复杂的科学技术，能给人类
dài lái fú yīn nóng yè shang néng zēng jiā zhí wù de kàng bìng chóng hài néng
带来福音。农业上能增加植物的抗病虫害能
lì kě yǐ péi yǎng yōu zhì gāo chǎn de nóng zuò wù shēng huó zhōng néng
力，可以培养优质、高产的农作物；生活中，能
shēng chǎn zhuǎn jī yīn shí pǐn yī liáo shì yè shang néng fáng zhǐ jí bìng děng
生产转基因食品；医疗事业上，能防止疾病等
děng jī yīn gōng chéng zuì dà de tè diǎn jiù shì néng chuàng zào gèng duō yǒu lì
等。基因工程最大的特点就是能创造更多有利

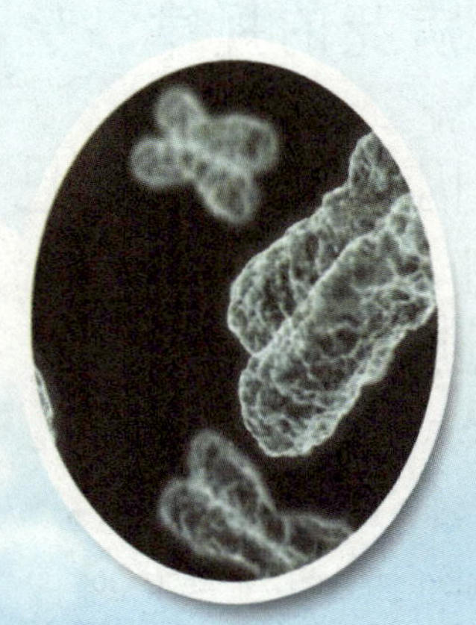

基因？

人类的基因具有唯一性（除双胞胎以外）。目前，医学上应用最广泛的就是用于个体识别和亲子鉴定。在许多重大的刑事案件中，DNA分子的检验能够为破案提供准确可靠的证据，DNA标志系统检测已经被国际公认是亲子鉴定的最好方法。

人类基因组计划

ZOUJIN AOMI SHIJIE

▲全面了解基因有助于人类治疗疑难病症。

nián rén lèi jī yīn zǔ jì huà zhèng shì
1990年人类基因组计划正式
qǐ dòng nián yuè rì lái zì měi guó
启动。2000年6月26日，来自美国、
yīng guó rì běn fǎ guó dé guó hé zhōng guó de
英国、日本、法国、德国和中国的
kē xué jiā huì zhì chū rén lèi jī yīn zǔ gōng zuò
科学家绘制出人类基因组“工作
kuàng jià tú zhè ge jì huà zhǔ yào shì zhēn duì jí
框架图”。这个计划主要是针对疾
bìng de fáng zhì liǎo jiě rén lèi de qǐ yuán rèn shi rén lèi
病的防治、了解人类的起源、认识人类
zì shēn zhǎng wò shēng lǎo bìng sǐ de guī lǜ zhuān
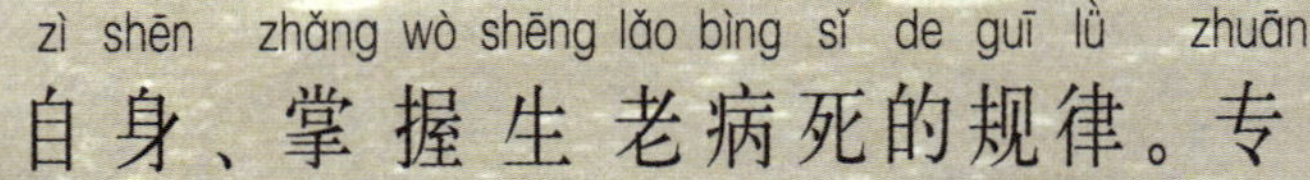
自身、掌握生老病死的规律。专
jiā rèn wéi rén lèi jī yīn zǔ yán jiū gōng zuò yǐ
家认为：人类基因组研究工作已
qǔ dé le shí zhì xìng jìn zhǎn wèi jiē kāi shēng
取得了实质性进展，为揭开生
mìng de ào mì diàn dìng le jiān shí de jī chǔ
命的奥秘奠定了坚实的基础。
jī yīn de yí chuán shì yǒu yí dìng guī lǜ
基因的遗传是有一定规律

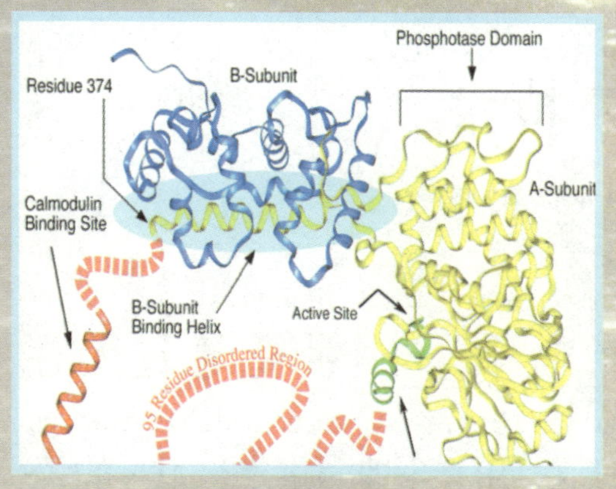

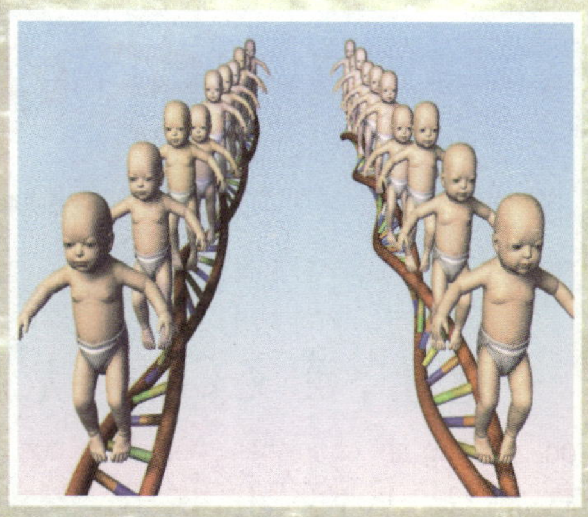

de dàn shì yě yǒu jī yīn tū biàn de xiàn xiàng fā shēng yì bān qíng kuàng
的，但是也有基因突变的现象发生。一般情况
xià nán rén de jī yīn tū biàn lǜ shì nǚ rén de liǎng bèi suǒ yǐ zài yí chuán
下，男人的基因突变率是女人的两倍，所以在遗传
zhōng nán rén de jī yīn zhàn yǒu zhòng yào de dì wèi
中，男人的基因占有重要的地位。

jī yīn duì rén lèi de shēng cún hé fā zhǎn yǒu zhe zhòng
基因对人类的生存和发展有着重
yào de yì yì wèi hěn duō jí bìng de yù fáng zuò le hěn hǎo
要的意义，为很多疾病的预防做了很好
de pū diàn zuò yòng chú cǐ zhī wài rén lèi de jī yīn zǔ
的铺垫作用。除此之外，人类的基因组
jì huà duì shēng wù de
计划对生物的
jìn huà yǒu yí dìng de
进化有一定的
yǐng xiǎng
影响。

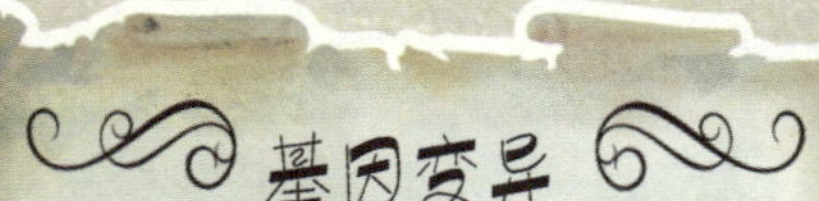

基因变异是指亲子间和子代个体间的差异。由基因突变引起的变异称可遗传变异；由环境变异引起的称不可遗传的变异。比如基因（染色体）如果发生缺失、断裂，就会把变化的结构遗传给后代，这样就引起了变异，人类基因组计划旨在治疗这些疾病。

克隆技术

ZOUJIN AOMI SHIJIE

kè lóng yīng wén shì zhǐ cóng tóng yí gè zǔ xiān tōng guò wú xìng
克隆，英文Clone，是指从同一个祖先通过无性
fán zhí fāng shì chǎn shēng hòu dài huò jù yǒu xiāng tóng yí chuán xìng zhuàng de gè
繁殖方式产生后代，或具有相同遗传性状的个
tǐ suǒ zǔ chéng de tè shū de shēng mìng qún tǐ
体所组成的特殊的生命群体。

nián yīng guó kē xué jiā shǒu cì chéng
1996年，英国科学家首次成
gōng yùn yòng kè lóng jì shù kè lóng chū yì zhī mián
功运用克隆技术克隆出一只绵
yáng qǐ míng duō lì tā shì shì jiè shang dì
羊，起名“多利”。它是世界上第
yī gè zhēn zhèng kè lóng chu lai de bǔ rǔ dòng wù
一个真正克隆出来的哺乳动物。

zhè biǎo míng rén lèi yǐ jīng néng gòu shú liàn yùn yòng kè lóng jì shù zài wèi
这表明，人类已经能够熟练运用克隆技术。在未
lái rén men kě yǐ yòng kè lóng jì shù péi yù yōu liáng chù zhǒng hé shēng chǎn
来，人们可以用克隆技术培育优良畜种和生产
shí yàn dòng wù shēng chǎn zhuǎn jī yīn dòng wù fù zhì bīn wēi de dòng wù wù
实验动物；生产转基因动物；复制濒危的动物物
zhǒng bǎo cún hé chuán bō dòng wù wù zhǒng zī yuán
种，保存和传播动物物种资源。

克隆，希腊语的意思是“小树枝叶”，主要指无性繁殖。

中国古代的克隆？

《西游记》中有这样的镜头：孙悟空在和妖怪大战的紧要关头，会从脑后拔一把猴毛，吹一口气就变出了一群和自己一模一样的猴子，这是中国古代克隆技术的设想。从理论上讲，猴毛中含有遗传物质，是可以用于克隆技术的，但现在的科学技术还不能实现。

基因食品

1999年，根据全美大豆协会报告，经各种基因工程技术改造过的大豆占了全年大豆总收成的55%。这些经转基因技术改造过的豆类制造出的人造黄油、食用油、啤酒、燕麦片、玉米片、糖果以及面点用油脂等诸多食品走进了千家万户。人类正面临着第二次绿色革命。

第一次绿色革命使世界食品产量在20世纪后期的短短30年间增加了2倍。科学家通过科学技术的应

转基因西红柿

转基因西红柿抗冻防腐，鲜味保持时间长。

转基因土豆

转基因土豆形状各异，口味不同。

用，大大提高了作物的产量。农场主们又通过施肥、杀虫、灌溉，力求使这些农作物长得更加繁茂。

现在，科学家通过引入基因技术，使普通食物产生特殊的功能。例如，用鲆鱼的基因能帮助西红柿、草莓等普通植物抵御寒冷；把某些细菌的基因接入玉米、大豆植株中，以更好地保护它们不受昆虫的侵扰。

转基因食品？

转基因食品按照来源大体可分为三类：(1)转基因植物性食物，如转基因大豆、玉米等；(2)转基因动物性食物，如转基因鱼、猪、鸡、羊等；(3)转基因微生物食品，指利用转基因微生物的作用而生产的食品，如转基因微生物发酵制成的葡萄酒、啤酒、酱油等。

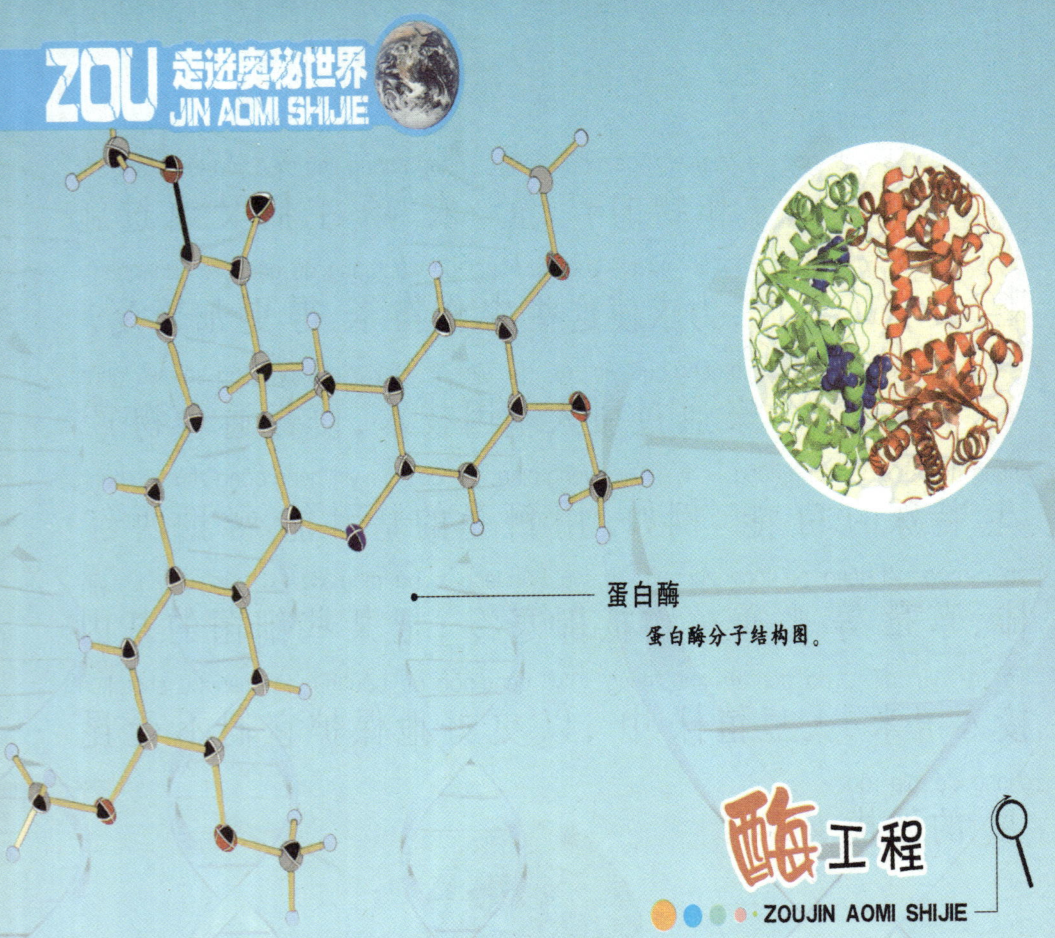

蛋白酶分子结构图。

酶工程

ZOUJIN AOMI SHIJIE

méi zài yìng yòng zhōng zhǔ yào shì jiā sù wù zhì de fēn jiě chóng zǔ hé
酶在应用中主要是加速物质的分解、重组和
zài shēng chǎn shǔ yú shēng wù cuī huà jì méi yǔ jī yīn jié hé zài yì qǐ de
再生产，属于生物催化剂。酶与基因结合在一起的
jì shù shì xiàn dài kē jì de zhòng yào chǎn wù yīn cǐ yě chēng zhī wéi gāo jí
技术，是现代科技的重要产物，因此也称之为高级
méi gōng chéng méi gōng chéng zài shēng wù fāng miàn de yìng yòng zhǔ yào bāo kuò
酶工程。酶工程在生物方面的应用主要包括
sān gè fāng miàn yòng jī yīn chóng zǔ jì shù dà liàng de shēng chǎn méi duì méi
三个方面：用基因重组技术大量地生产酶；对酶
jī yīn jìn xíng fēn jiě chǎn shēng yì zhǒng xīn de méi shè jì xīn de méi jī
基因进行分解，产生一种新的酶；设计新的酶基

酶的用途

酶不仅在工业上大规模生产和应用，而且在食品加工中的用途也很大，有淀粉加工、乳品加工、果汁加工、烘烤食品和啤酒发酵。与这些工艺相关的酶有淀粉酶、葡萄糖异构酶、乳糖酶、蛋白酶等，这些酶占酶制剂市场的一半以上。

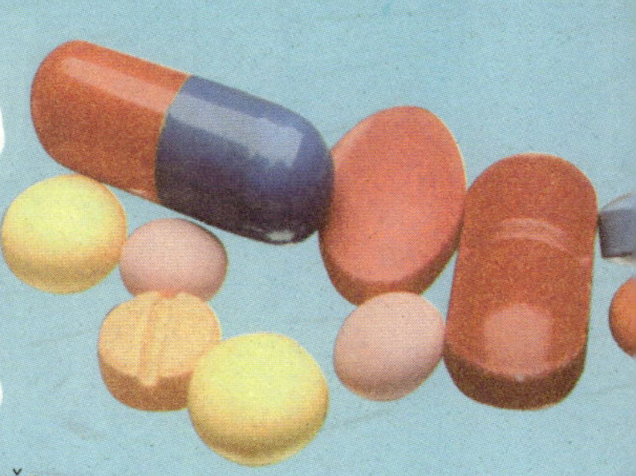

▲酶在药物中应用广泛。

yīn zǔ chéng zì rán jiè bù céng yǒu guò xìng néng wěn
因，组成自然界不曾有过、性能稳
dìng jiā sù fēn jiě xiào lǜ gèng gāo de xīn de méi
定、加速分解效率更高的新的酶。

méi gōng chéng shì jìn nián fā zhǎn qi lai de yí gè xīn de yìng yòng jì
酶工程是近20年发展起来的一个新的应用技
shù xiàn zài rén men yǐ zhǎng wò yìng yòng méi jì
术。现在人们已掌握应用酶技
shù jìn xíng yí chuán shè jì zhè yàng zuò de
术进行遗传设计，这样做的
mù dì shì chuàng zhì yōu zhì méi yǐ mǎn zú
目的是创制优质酶，以满足
rén lèi de tè shū xū yào méi de yìng yòng zài
人类的特殊需要。酶的应用在
shēng huó dāng zhōng bǐ jiào guǎng fàn kě yǐ
生活当中比较广泛，可以
yòng yú shí pǐn jiā gōng máo pí gōng yè
用于食品加工、毛皮工业、
yī yào shí yóu kāi cǎi jìng huà wū shuǐ děng
医药、石油开采、净化污水等
fāng miàn
方面。

原位杂交

原位杂交是20世纪60年代末发展起来的一种分子生物学技术。具体是指用一定生物或化学物质，与个体中的内在物质杂交的方法。

原位杂交是一种特殊的科学技术，它是通过一些化学物质的结合，而形成三种不同的新物质，它们

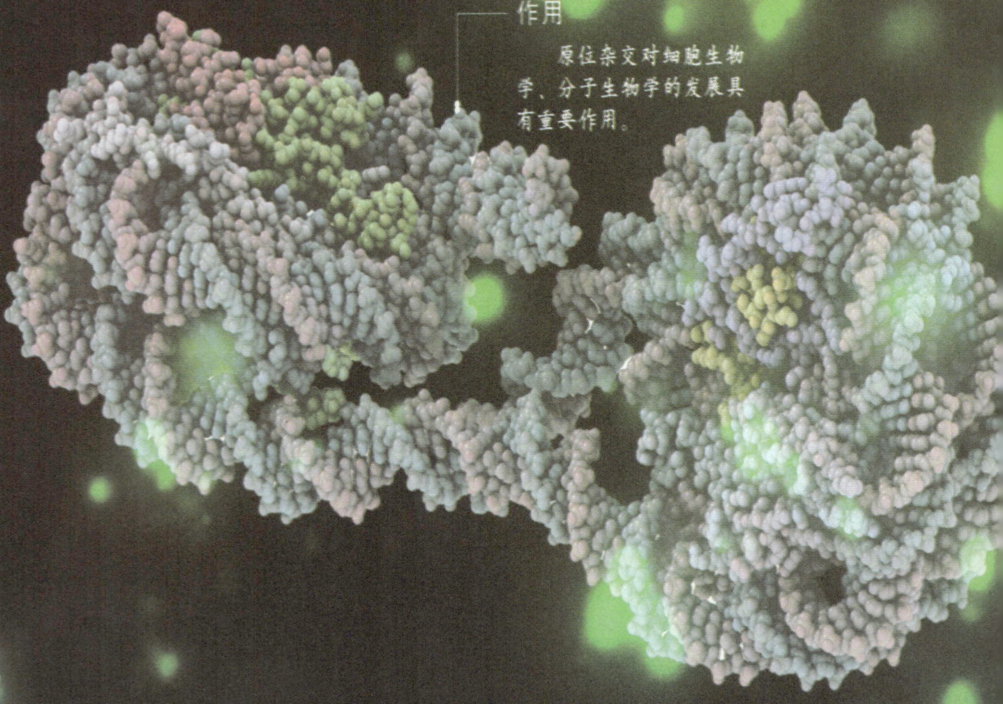

作用

原位杂交对细胞生物学、分子生物学的发展具有重要作用。

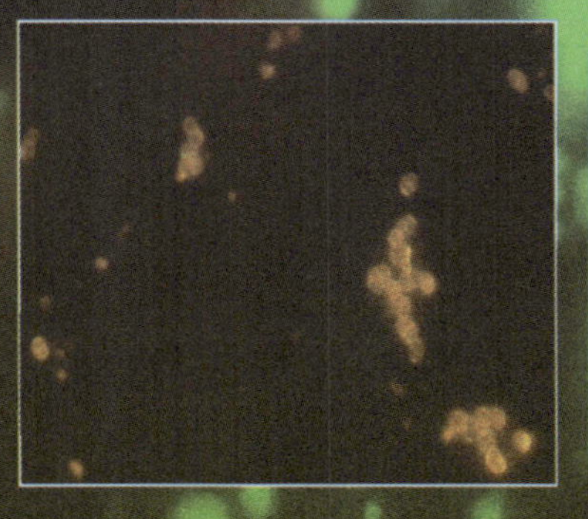

实验

奥芬兰海水硝化细菌做荧光原位杂交的照片。

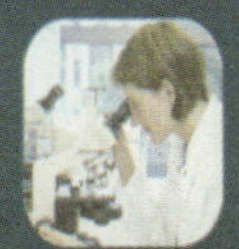

往往将带有标记的基因作为基础，通过特制的仪器将这些基因杂交在一起，根据一定的规律，运用特殊的方法按照顺序在细胞内排列位置，其实这种物质人们可以在显微镜下直接观测。

原位杂交的试验过程比较复杂，一般要经过三天的细微观察，做详细的记录和多样的实验才能得出结论，往往就是这些得出的结论才能证明原位杂交技术的科学性，可以更加准确

de wèi rén lèi zào fú bèi rén men suǒ yìng yòng
地为人类造福，被人们所应用。

yuán wèi zá jiāo jù yǒu xià liè yì xiē yōu diǎn lì yòng pǔ tōng de guāng xué
原位杂交具有下列一些优点：利用普通的光学
xiǎn wēi jìng kě yǐ zhí jiē guān chá dào suǒ yán jiū de jī yīn zài gè tǐ nèi bù
显微镜，可以直接观察到所研究的基因在个体内部
de wèi zhì hé fēn bù bìng néng jì suàn chū yǒu guān jī yīn de yì xiē jù tǐ shù
的位置和分布，并能计算出有关基因的一些具体数
zhí yuán wèi zá jiāo jì shù zài gè tǐ nèi bù de shuǐ píng yán jiū jī yīn de què
值。原位杂交技术在个体内部的水平研究、基因的确
dìng jī yīn biǎo dá děng zhòng yào wèn tí fāng miàn
定、基因表达等重要问题方面
fā huī zhe yuè lái yuè dà de zuò yòng
发挥着越来越大的作用。

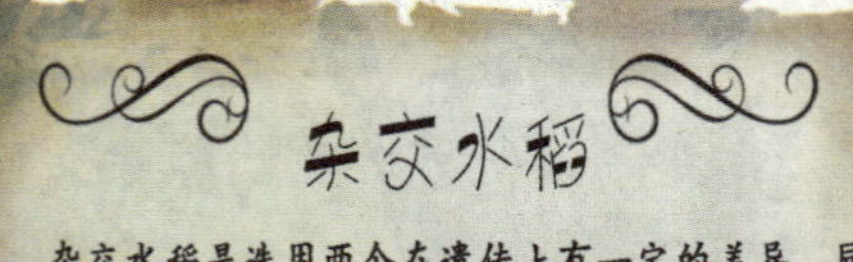

杂交水稻

杂交水稻是选用两个在遗传上有一定的差异，同时它们的优良性状又能互补的水稻品种进行杂交，生产出具有更好的有优良性能的水稻品种的。新中国成立后，中国农业科技上最令人瞩目的就是籼型杂交水稻的培育，它的研究者袁隆平被誉为“杂交水稻之父”。

▲原位杂交需要基因在染色体上定位。

CHAPTER 3 第三章

医疗科技

现代社会，拥有健康的体魄对我们每个人来说是至关重要的，而医疗科技的发展是我们身体健康的一个保障。

多普勒超声诊断仪

ZOUJIN AOMI SHIJIE

yóu yú měi gè rén shēn tǐ de jié gòu tǐ zhì děng qíng kuàng bù tóng huì
由于每个人身体的结构、体质等情况不同，会
duì chāo shēng bō jiǎn cè rén tǐ qì guān de gè zhǒng zhuàng tài chǎn shēng bù tóng
对超声波检测人体器官的各种状态产生不同
de fǎn yìng rén men kě yǐ gēn jù zhè xiē zhuàng kuàng què dìng fǎn shè fēn bù
的反应，人们可以根据这些状况，确定反射分布
de guī lǜ lái pàn duàn gè zhǒng jí bìng
的规律来判断各种疾病。

duō pǔ lè chāo shēng zhěn duàn yí jiù shì lì yòng chāo shēng bō de yuán lǐ
多普勒超声诊断仪就是利用超声波的原理
zhì chéng de yī xué shang yī shēng men xiān
制成的。医学上，医生们先

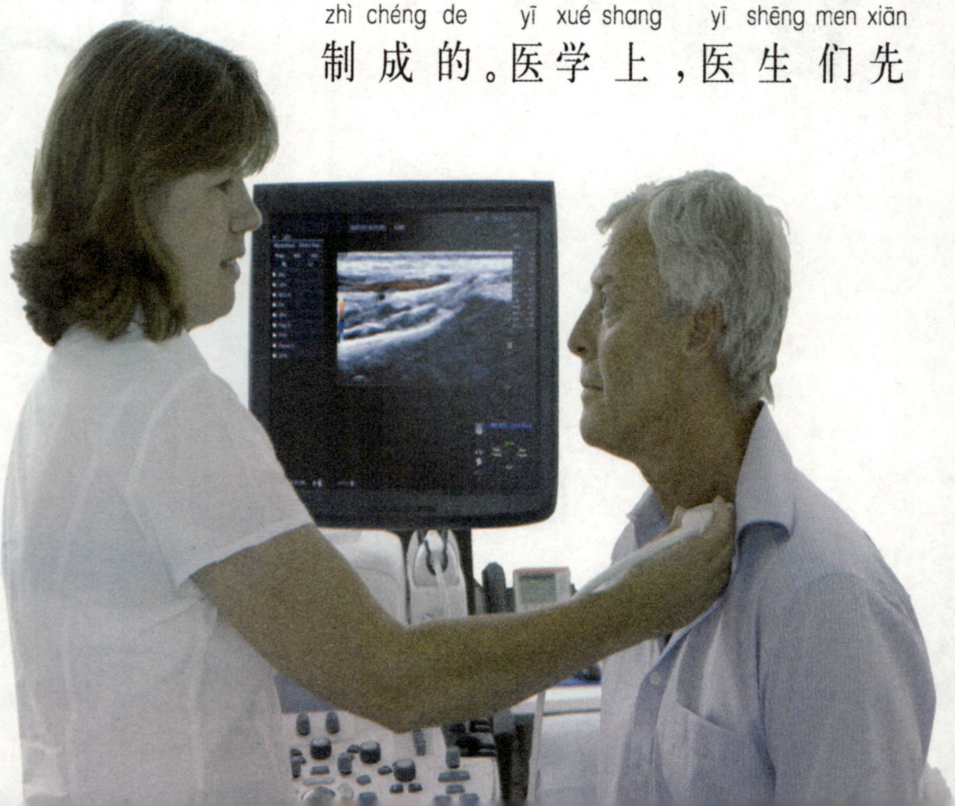

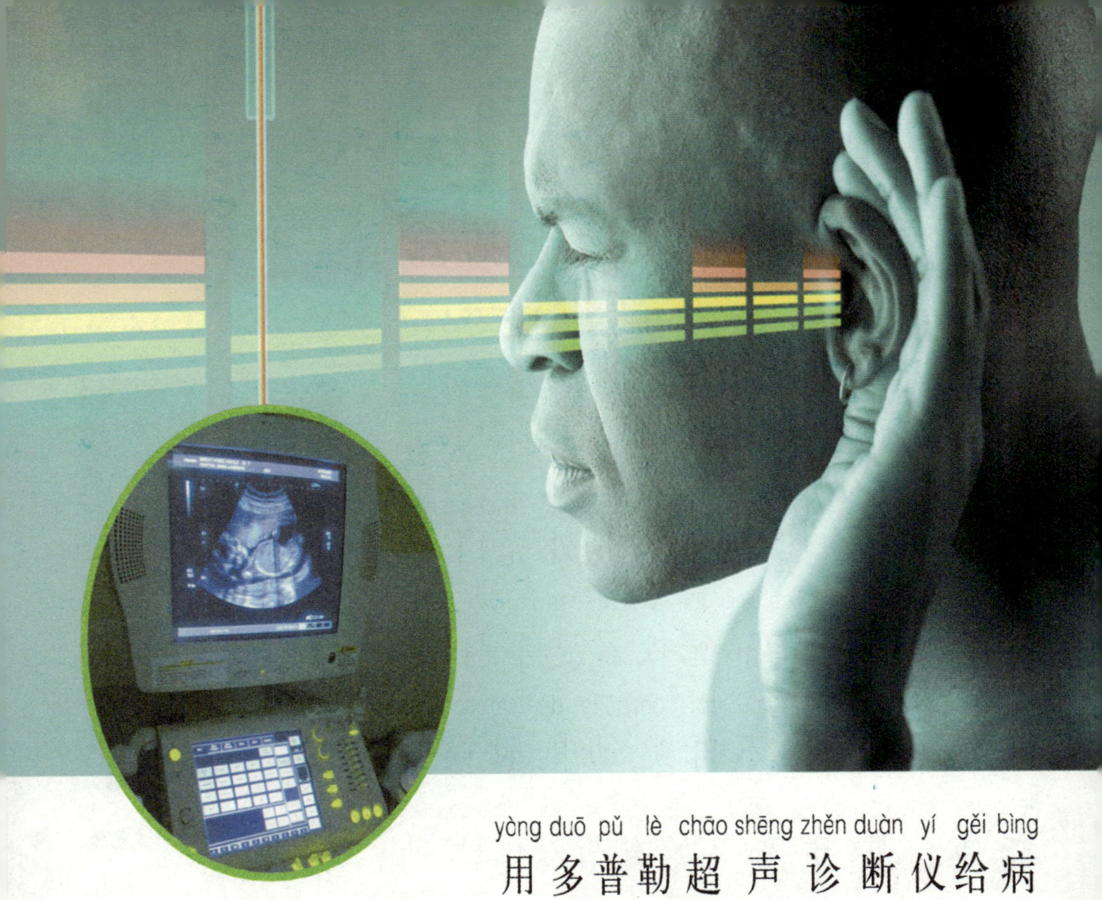

▲正在使用的多普勒超声诊断仪。

yòng duō pǔ lè chāo shēng zhěn duàn yí gěi bìng rén zhěn duàn zhěn duàn jié guǒ huì zài diàn nǎo shang yǐ tú xiàng de xíng shì xiǎn shì chu lai zhè yàng yī shēng gēn jù diàn nǎo shang de tú xiàng jiù huì hěn zhǔn què de pàn duàn bìng qíng le

用多普勒超声诊断仪给病人诊断，诊断结果会在电脑上以图像的形式显示出来，这样医生根据电脑上的图像就会很准确地判断病情了。

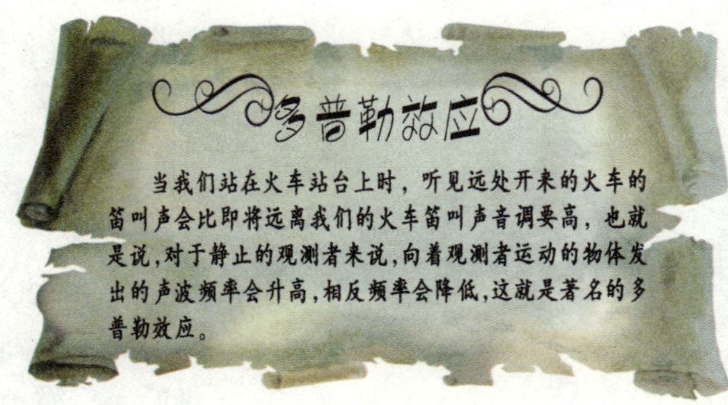

多普勒效应

当我们站在火车站台上时，听见远处开来的火车的笛叫声会比即将远离我们的火车笛叫声音调要高，也就是说，对于静止的观测者来说，向着观测者运动的物体发出的声波频率会升高，相反频率会降低，这就是著名的多普勒效应。

心脏起搏器

ZOUJIN AOMI SHIJIE

心脏起搏器是像火柴盒大小、重量在25～50克之间、外壳由金属钛铸造而成的精密仪器。当心脏由于某种原因不再跳动的时候，它能使心脏重新开始有节奏地跳动。

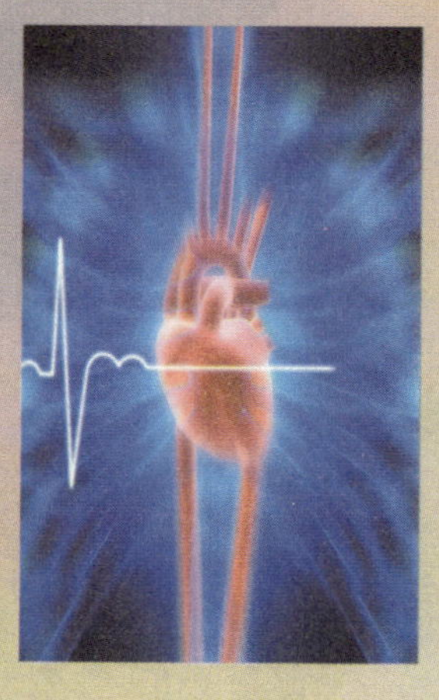

▲心脏有规律的跳动才能保证人体健康。

心脏起搏器是一种机器，需要电池。早期的心脏起搏器的电池要装在患者身体的外部，只能短期使用。后来，电池被逐渐改进，有了能放进体内的心脏起搏器电池。20世纪80年代，心脏起搏器装入

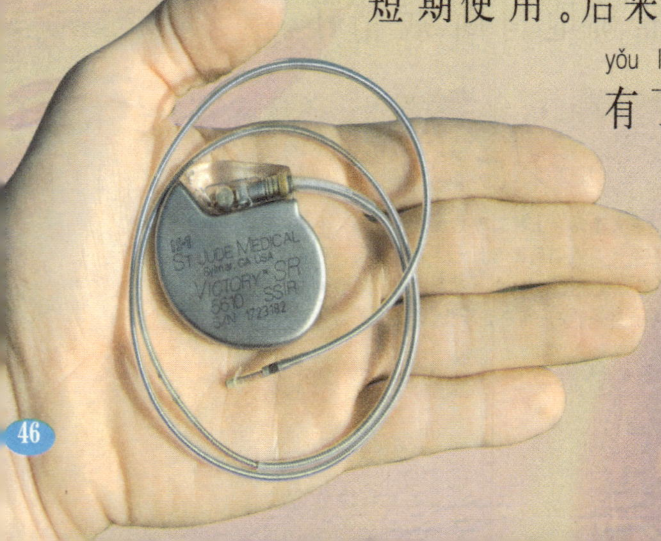

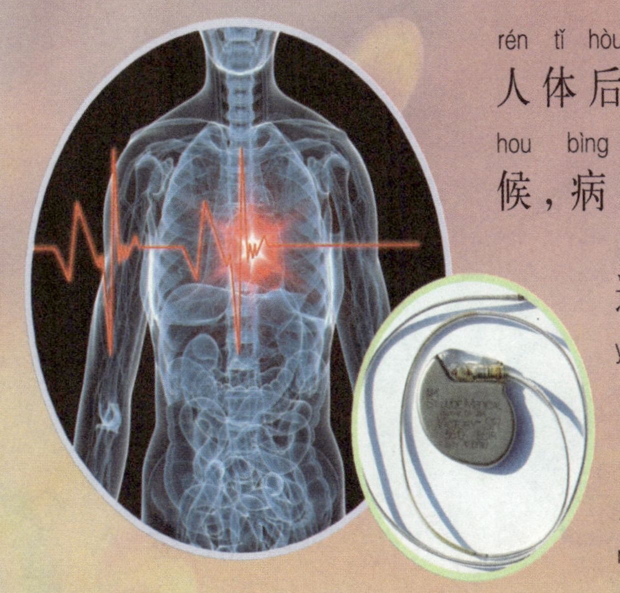

rén tǐ hòu zhǐ yǒu zài xū yào de shí
人体后，只有在需要的时
hou bìng rén cái qǐ dòng tā gèng xiān
候，病人才启动它。更先
jìn de xīn zàng qǐ bó qì shǐ
进的心脏起搏器使
yòng de shèn zhì shì hé dòng
用的甚至是核动
lì huàn zhě néng shǐ yòng
力，患者能使用20
nián zhī jiǔ
年之久。

yǒng jiǔ xìng xīn zàng qǐ bó qì shì zhì liáo gè zhǒng yuán yīn yǐn qǐ de xīn
永久性心脏起搏器是治疗各种原因引起的心
zàng zhàng ài de zhǔ yào fāng
脏障碍的主要方
fǎ zhǔ yào shì yòng yú nà xiē
法，主要适用于那些
yīn xīn tiào yán zhòng guò huǎn tóng shí yòu bàn yǒu tóu
因心跳严重过缓同时又伴有头
yūn xiōng mèn shēn tǐ fá lì xīn
晕、胸闷、身体乏力、心
jiǎo tòng hūn jué fā zuò huò chū xiàn chōng
绞痛昏厥发作或出现充
xuè xìng xīn lì shuāi jié de bìng rén
血性心力衰竭的病人。

起搏器

心脏起搏器样式繁多，但原理相似。

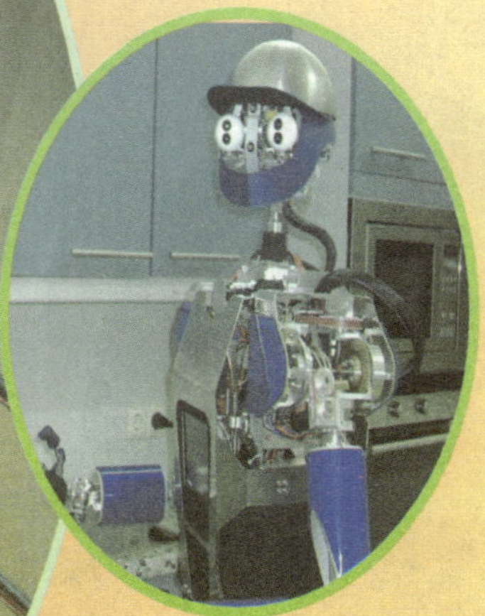

护理机器人

ZOUJIN AOMI SHIJIE

shì jì nián dài rì běn zuì xiān yán zhì chū yì
20世纪80年代，日本最先研制出一
zhǒng míng jiào méi lǔ gēn de kān
种名叫“梅鲁根”的看
hù jī qì rén fǎ guó zuì xīn yán zhì de hù lǐ jī qì
护机器人。法国最新研制的护理机器
rén néng gěi bìng rén dào shuǐ wèi fàn kāi shōu yīn jī
人能给病人倒水、喂饭、开收音机
huò diàn shì jī yǐ jí dǎ diàn huà děng
或电视机，以及打电话等。

nián měi guó fēi yuè yán jiū gōng sī shēng
1989年，美国飞跃研究公司生
chǎn le hǎo bāng shǒu hù lǐ jī qì rén tā néng
产了“好帮手”护理机器人，它能

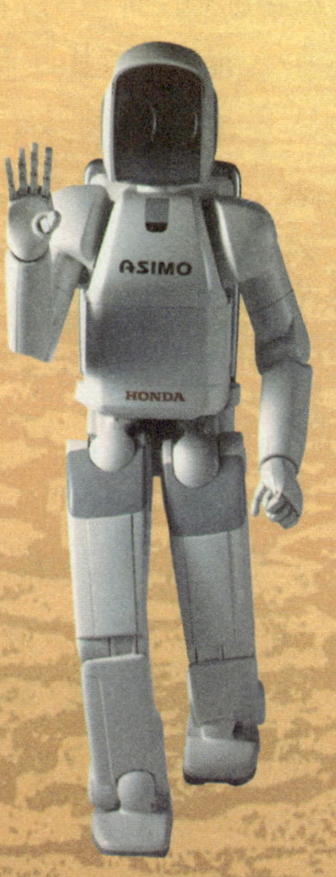

zài yī yuàn li wèi bìng rén sòng yào sòng fàn zhè
在医院里为病人送药送饭。这
zhǒng jī qì rén kào diàn nǎo nèi cún chǔ de yī yuàn
种机器人靠电脑内存储的医院
dì tú zài zǒu láng nèi zì yóu xíng zǒu
地图在走廊内自由行走。
tā shēn shang yǒu shì jué chuán gǎn qì
它身上有视觉传感器，
suǒ yǐ bú huì yǔ rén xiāng zhuàng yě
所以不会与人相撞，也
bú huì pèng dào qí tā zhàng ài wù
不会碰到其他障碍物
shang tā hái huì shǐ yòng diàn tī shàng xià lóu hǎo bāng
上，它还会使用电梯上下楼。“好帮
shǒu de shēn tǐ hěn qīng shì yóu tè shū bō li xiān wéi hé
手”的身体很轻，是由特殊玻璃纤维和
sù liào zhì chéng de yóu tǐ nèi de xù diàn chí qū dòng
塑料制成的，由体内的蓄电池驱动。

护理机器人?

护理机器人(RI-MAN)能够将病人轻轻地抱起，放在轮椅上，送病人去检查，陪病人散步，给病人洗澡。它们服务周到，而且不怕脏，不怕累，还可以与病人聊天，给病人讲笑话，使病人忘却痛苦。

灵活的机器人

机器人是自动执行命令的机器装置。

阿司匹林

ZOUJIN AOMI SHIJIE

光辉的历史

阿司匹林经过过拿破仑的海战，到了第二次世界大战的欧洲，它伴随宇航员登月，被载入吉尼斯世界纪录。

阿司匹林其他用途

英国的一项最新研究建议，中年人应该每天吃一片阿司匹林预防心脏病，但要和医生沟通，并根据个人情况。

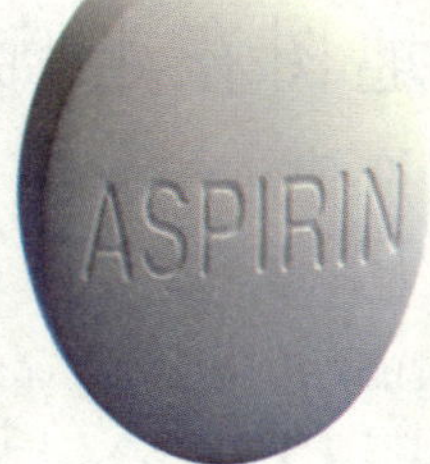

阿司匹林药片。

ā sī pǐ lín shì rén lèi cháng yòng de jù yǒu jiě rè hé zhèn tòng děng zuò yòng de yì zhǒng yào pǐn xué míng jiào yǐ xiān shuǐ yáng suān fù fāng ā sī pǐ lín yóu ā sī pǐ lín fēi nà xī tīng hé kā fēi yīn sān zhǒng yào wù zǔ chéng jiǎn chēng

阿司匹林是人类常用的具有解热和镇痛等作用的一种药品，学名叫乙酰水杨酸。复方阿司匹林由阿司匹林、非那西汀和咖啡因三种药物组成，简称APC。

ā sī pǐ lín dàn shēng yú nián yuè rì shì yóu yī shēng dé lái sài jiè shào dào lín chuáng shang bìng qǔ míng jiào ā sī pǐ lín de dào mù qián wéi zhǐ ā sī pǐ lín yǐ jīng yìng yòng le yì

阿司匹林诞生于1899年3月6日，是由医生德莱赛介绍到临床上，并取名叫阿司匹林的。到目前为止，阿司匹林已经应用了一

◀阿司匹林分子的三维模型。

阿司匹林的发明者——德国人霍夫曼。

bǎi nián zuǒ yòu shì yī yào shǐ shang sān dà
百年左右，是医药史上三大
zuì jīng diǎn yào wù zhī yī
最经典药物之一。

ā sī pǐ lín bù jǐn jù yǒu zhèn
阿司匹林不仅具有镇
tòng jiě rè de zuò yòng hái yǒu xiāo yán
痛、解热的作用，还有消炎、
kàng fēng shī zhì liáo lèi fēng shī xìng
抗风湿、治疗类风湿性
guān jié yán yù fáng xuè shuān hé
关节炎、预防血栓和
xiāo huà dào zhǒng liú de zuò yòng
消化道肿瘤的作用。

BAYER Bayer MaterialScience

拜耳公司是全世界最著名的生产阿司匹林的医药公司。

阿司匹林的妙用？

阿司匹林除了作为药品使用外，还有很多妙用呢！例如，将阿司匹林捣碎放在洗发水中，用这种混合洗发水洗头能减少头屑；在花瓶的清水中放入两片阿司匹林，可以保持插花常开不败；将阿司匹林捣碎放入清水中，就可以轻松洗掉衣服上的血迹。

安定药

安定药。

ān dìng yào shì yí lèi zuò yòng yú
安定药是一类作用于
zhōng shū shén jīng de yì zhì yào qí tè diǎn
中枢神经的抑制药。其特点
shì zài qīng xǐng de tiáo jiàn xià kě shǐ jīng shén ān dìng
是在清醒的条件下，可使精神安定，
yìng yòng guò liàng yě bú huì yǐn qǐ má zuì ān dìng yào
应用过量也不会引起麻醉。安定药
yǒu qiáng ruò zhī fēn zuò yòng gè bù xiāng tóng
有强弱之分，作用各不相同。

nián fǎ guó shēng wù xué jiā hēng lì lā
1952年，法国生物学家亨利·拉
bó lǐ wèi bìng rén zhì liáo shí shǒu cì shǐ yòng le lǜ bǐng qín zhè zhǒng ān dìng
博里为病人治疗时首次使用了氯丙嗪这种安定
yào tóng shí ruì diǎn kē xué jiā cóng luó fú mù
药。同时，瑞典科学家从萝芙木
zhōng tí liàn chū ān dìng yào de chéng fèn
中提炼出安定药的成分。1963
nián sī tè ēn bā hè shǒu cì
年，斯特恩巴赫首次
hé chéng le ān dìng yào běn jiǎ èr
合成了安定药苯甲二

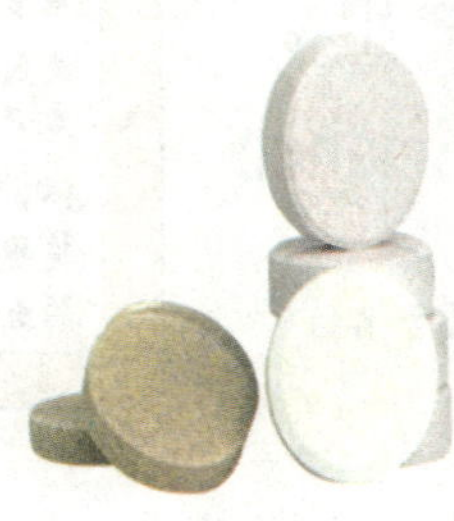

dàn cǎo zhè zhǒng yào hòu lái yǐ ān dìng de
氮草。这种药后来以安定的
míng zi mìng míng chàng xiāo quán shì jiè
名字命名，畅销全世界。

ān dìng yào néng shǐ jīng shén bìng rén de
安定药能使精神病人的
zào kuáng zhèng zhuàng
躁狂症状
huǎn jiě huàn jué wàng xiǎng xiāo shī shén
缓解，幻觉妄想消失，神
zhì cuò luàn dé yǐ jiū zhèng
志错乱得以纠正，
dá dào ān shén dìng zhì huǎn
达到安神定志、缓
jiě jīng shén bìng de xiào guǒ
解精神病的效果。

药效

安定药能够治疗失眠，但不宜长期使用。

安定药的作用？

利眠宁和安定是最常用的两种安定药，无医院的处方是禁止出售的。强安定药能治疗精神分裂症、躁狂症等精神疾病，弱安定药仅用于缓解急躁、焦虑和神经衰弱性失眠等。在美国，安定药只用于治疗精神分裂症和躁狂症，患老年痴呆症的人服用安定药会威胁其生命。

多肽激素

ZOUJIN AOMI SHIJIE

jī sù shì yóu shēng wù qì guān fēn mì chū de yì zhǒng wù zhì duō tài
激素是由生物器官分泌出的一种物质，多肽
lèi jī sù zhǔ yào shì yóu yí xiàn děng fēn mì de xiàn dài de duō tài jī sù shì
类激素主要是由胰腺等分泌的。现代的多肽激素是
zhǐ yòng shēng wù jì shù kāi fā yán zhì de yì zhǒng zhì bìng liáng yào
指用生物技术开发研制的一种治病良药。

zì cóng nián rén gōng yí dǎo sù jī yīn gōng chéng chǎn pǐn tóu rù shì
自从1982年人工胰岛素基因工程产品投入市
chǎng yǐ lái xǔ duō de duō tài jī sù yào wù lù xù shāng pǐn huà zhè xiē jī
场以来，许多的多肽激素药物陆续商品化。这些激
sù de shǐ yòng duì tiáo jié rén tǐ fā yù cù jìn chuāng shāng yù hé zhì liáo
素的使用对调节人体发育、促进创伤愈合、治疗

牛胰岛素

从牛胰腺中提取出来的牛胰岛素是一种多肽，能够治疗疾病。

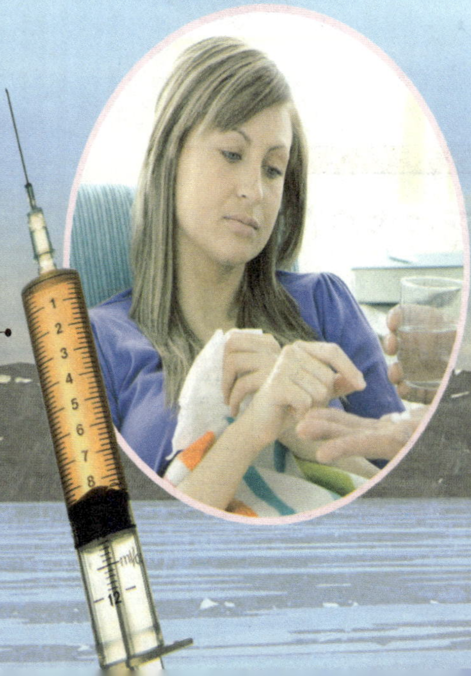

yì xiē jí bìng yǒu míng xiǎn
一些疾病有明显
liáo xiào
疗效。

yí dǎo sù zài měi guó
胰岛素在美国
tuī chū hòu měi guó yuē yǒu
推出后，美国约有
yí bàn de táng niào bìng bìng
一半的糖尿病病
rén yīng guó yuē yǒu
人，英国约有80％
de táng niào bìng bìng rén shǐ yòng le zhè yì chǎn pǐn
的糖尿病病人使用了这一产品。
suī rán zhè zhǒng chǎn pǐn de ān quán xìng céng jīng shòu dào rén men de zhì yí dàn
虽然这种产品的安全性曾经受到人们的质疑，但
shì quán wēi bù mén zuì hòu kěn dìng le zhè zhǒng yào pǐn shì ān quán de
是权威部门最后肯定了这种药品是安全的。

侏儒症就是因为激素分泌失调引发的。

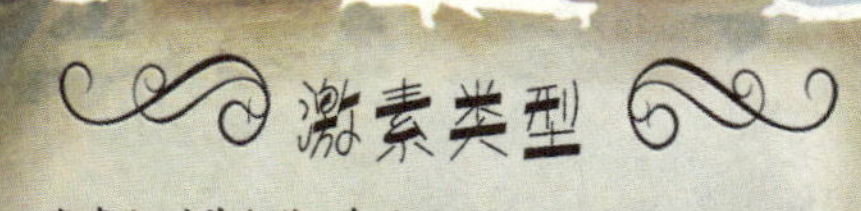

激素类型

激素也叫荷尔蒙，布腊文的意思是“奋起活动”。按照化学结构激素可分为四类：第一类是类固醇，如性激素等；第二类为氨基酸衍生物，如甲状腺素等；第三类激素的结构为肽与蛋白质，如垂体激素等；第四类为脂肪酸衍生物，如前列腺素。

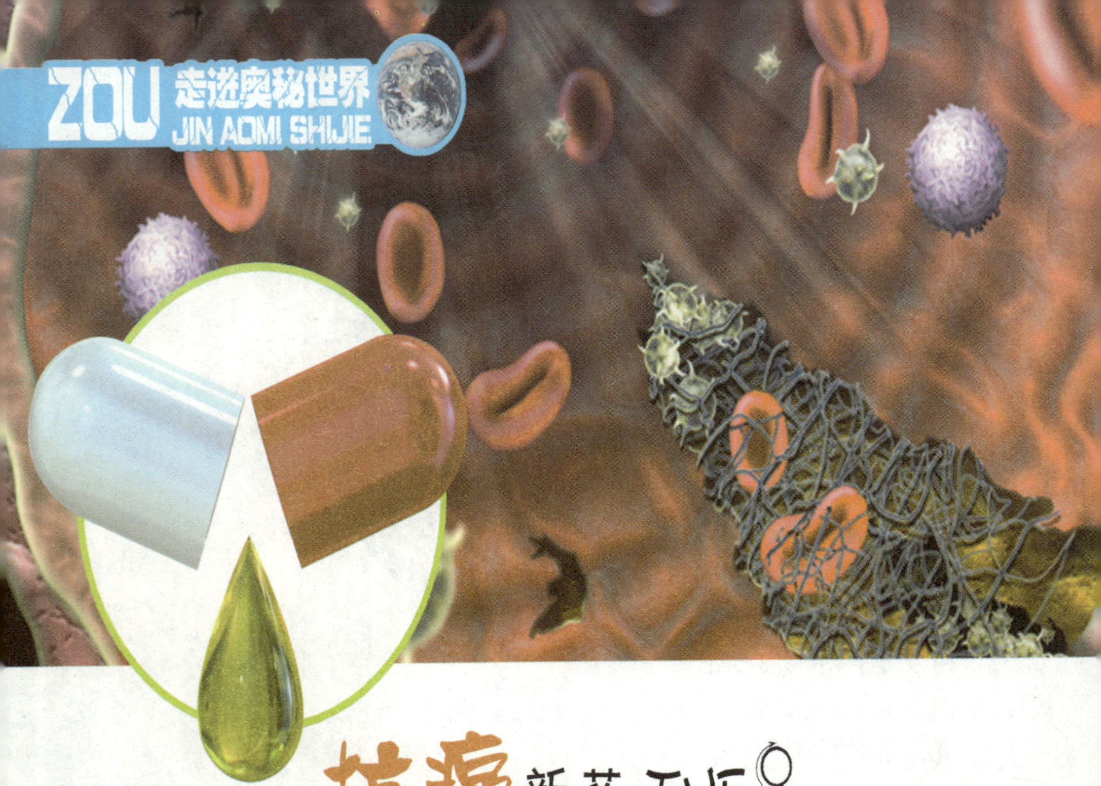

抗癌新药TNF

ZOUJIN AOMI SHIJIE

ái zhèng yòu chēng wéi è xìng zhǒng liú shì xì bāo de shēng zhǎng chū
癌症，又称为恶性肿瘤，是细胞的生长出
xiàn yì cháng ér dǎo zhì de jí bìng xì bāo shì dài biǎo shēng mìng huó xìng de yì
现异常而导致的疾病。细胞是代表生命活性的一
zhǒng wù zhì ái xì bāo zé shì yì zhǒng bìng
种物质，癌细胞则是一种病
tài de xì bāo xiàn zài rén men hái bù néng wán
态的细胞。现在人们还不能完
quán zhì liáo ái zhēng dàn shì duì kàng ái xīn
全治疗癌症，但是对抗癌新
yào què jì yǔ zhe hěn dà de xī wàng
药却寄予着很大的希望。TNF

▲癌细胞结构图。

jiù shì yì zhǒng yǒu xiào de kàng ái yào wù
就是一种有效的抗癌药物。

quán chēng wéi rén tǐ zhǒng liú huài sǐ
TNF全称为人体肿瘤坏死
yīn zǐ shì yì zhǒng xīn xíng yǒu xiào de kàng zhǒng
因子，是一种新型有效的抗肿
liú yào wù rén men jiāng tā zhù shè dào zhǒng liú kuài
瘤药物。人们将它注射到肿瘤块
zhōng huò qí zhōu wéi jiù kě yǐ shǐ ái xì bāo méi
中或其周围，就可以使癌细胞没
yǒu yíng yǎng lái yuán ér huài sǐ cǐ wài hái
有营养来源而坏死。此外，TNF还

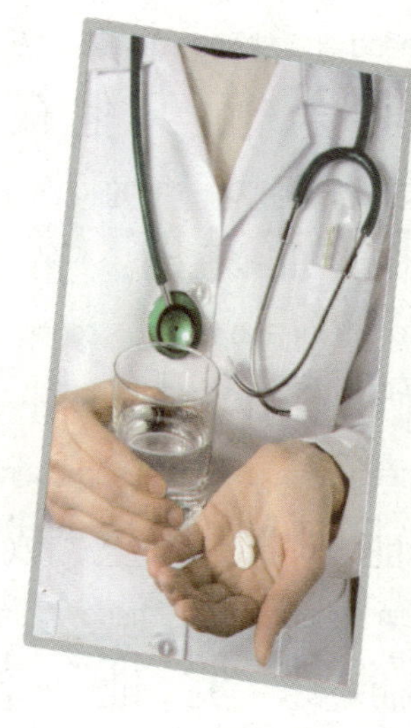
抗癌新药是癌症患者的福音。

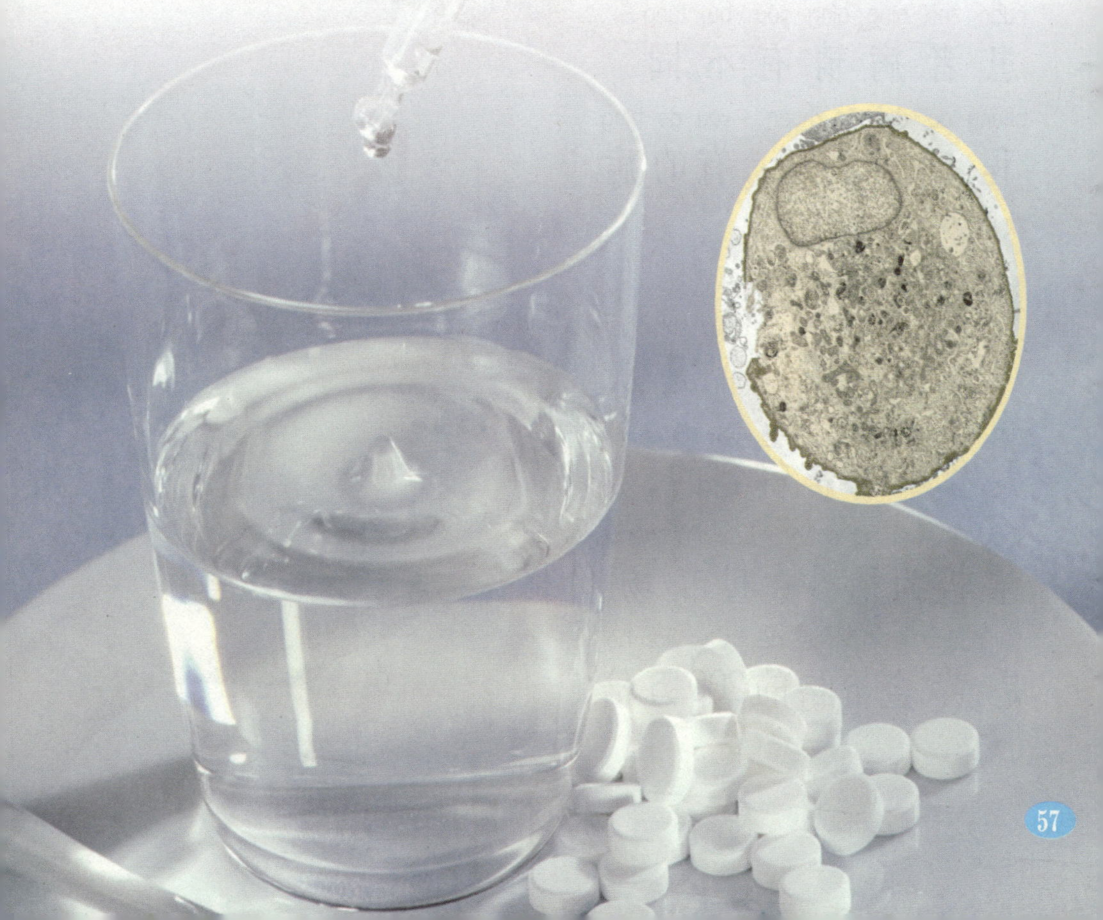

néng shā shāng qí tā bèi bìng dú gǎn rǎn de xì
能杀伤其他被病毒感染的细
bāo ér duì zhèng cháng xì bāo bù jǐn méi yǒu
胞，而对正常细胞不仅没有
pò huài zuò yòng xiāng fǎn hái
破坏作用，相反还
néng cì jī qí shēng chéng jīng
能刺激其生成。经
lín chuáng yàn zhèng shǐ yòng
临床验证：使用
yǐ hòu bù fen ái zhèng
TNF以后，部分癌症
huàn zhě bìng qíng yǒu bù tóng
患者病情有不同
chéng dù de hǎo zhuǎn yǒu de bìng
程度的好转，有的病
zhuàng wán quán xiāo shī
状完全消失。

zǎo qī chǎn pǐn shì cóng
早期TNF产品是从
rén tǐ zhōng fēn lí dé dào de shù
人体中分离得到的，数
liàng jí wéi xī shǎo qí shì chǎng jià gé
量极为稀少，其市场价格
shì huáng jīn jià gé de wàn bèi
是黄金价格的200万倍。

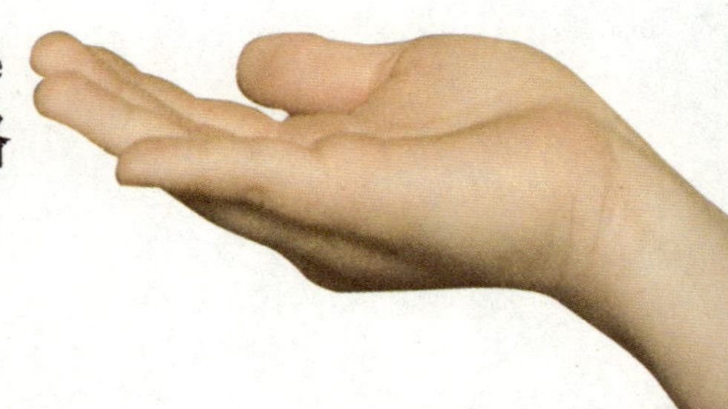

抗癌药物

随着医学科技的发展，人们研究出了更多、更有效的抗癌药物。

CHAPTER 4 第四章

农业之窗

农业是国民经济之本，它关系着国民经济发展的进程。所以，在传统农业的基础上，大力促进现代化农业的发展是至关重要的事情。

无土栽培

ZOUJIN AOMI SHIJIE

有些植物用无土栽培技术比土壤栽培的产量要高。

wú tǔ zāi péi shì zhǐ bú yòng tiān rán tǔ rǎng ér yòng jī zhì huò jǐn yù miáo shí yòng jī zhì zài dìng zhí yǐ hòu yòng yíng yǎng yè jìn xíng guàn gài de zāi péi fāng fǎ

无土栽培是指不用天然土壤而用基质或仅育苗时用基质，在定植以后用营养液进行灌溉的栽培方法。

wú tǔ zāi péi bú yòng shí jì de tǔ rǎng zhǐ xū yào pèi zhì chū hé shì de jī zhì jiù néng wèi zhí wù shēng zhǎng tí gōng suǒ xū de yíng yǎng shuǐ fèn hé yǎng qì bìng néng gù dìng zhí wù wú tǔ zāi péi jì

无土栽培不用实际的土壤，只需要配置出合适的基质就能为植物生长提供所需的营养、水分和氧气，并能固定植物。无土栽培既

néng chōng fèn mǎn zú zuò wù duì yíng
能充分满足作物对营
yǎng chéng fèn de xū qiú yòu néng
养成分的需求，又能
tí gāo zuò wù de chǎn liàng zhì liàng
提高作物的产量、质量
bìng qiě cù jìn zǎo shú wú tǔ zāi péi
并且促进早熟。无土栽培
fēn wéi wú jī zhì zāi péi yǐ shuǐ péi
分为无基质栽培（以水培
wéi zhǔ hé jī zhì zāi péi gù tǐ
为主）和基质栽培（固体
jī zhì zāi péi liǎng dà lèi zhǔ yào
基质栽培）两大类，主要
yòng yú shū cài huā huì děng zāi péi
用于蔬菜、花卉等栽培。

xiàn zài wú tǔ zāi péi jì shù
现在，无土栽培技术
yòu yǒu xīn tū pò yǒu yán sè jī
又有新突破，有颜色基
zhì de yǒu jī shēng tài xíng wú
质的“有机生态型”无
tǔ zāi péi kě yǐ shēng chǎn chū
土栽培可以生产出
jí lǜ sè shí pǐn
AA级绿色食品。

无土栽培前景广阔？

无土栽培技术前景广阔，不仅可以节约土地和水资源，还将走向海洋、太空领域。在美国，关于宇宙空间植物栽培的研究报告就是关于无土栽培技术的；在日本，科学家将无土栽培作为研究“宇宙农场”的重要手段。

旅游农业

ZOUJIN AOMI SHIJIE

lǚ yóu nóng yè shì nóng shì huó dòng yǔ lǚ yóu xiāng jié hé de nóng yè fā
旅游农业是农事活动与旅游相结合的农业发
zhǎn xíng shì zhǔ yào shì wèi nà xiē duì nóng yè bù liǎo jiě bù shú xī nóng cūn
展形式。主要是为那些对农业不了解、不熟悉农村，
huò kě wàng zài jié jiǎ rì dào jiāo wài guān guāng lǚ yóu dù jià de chéng shì
或渴望在节假日到郊外观光、旅游、度假的城市
jū mín fú wù de qí mù biāo shì chǎng zhǔ yào shì chéng shì jū mín rén men dào
居民服务的，其目标市场主要是城市居民。人们到
nóng cūn lǚ yóu jì kě yǐ guān shǎng dào nóng cūn de zì rán fēng guāng qiě
农村旅游，既可以观赏到农村的自然风光，且

旅游农业在现今是一种释放压力，接近大自然的旅游方式。

nóng cūn yě wèi yóu kè tí gōng bì yào de shēng huó shè shī ràng yóu kè cóng shì
农村也为游客提供必要的生活设施，让游客从事
nóng gēng shōu huò cǎi zhāi chuí diào sì yǎng děng huó dòng xiǎng shòu huí
农耕、收获、采摘、垂钓、饲养等活动，享受回
guī zì rán de lè qù
归自然的乐趣。

lǚ yóu nóng yè zài fā huī qí shēng chǎn gōng néng de
旅游农业在发挥其生产功能的
tóng shí yě fā huī qí xiū xián dù jià bǎo hù shēng
同时，也发挥其休闲度假、保护生
tài fēng fù shēng huó děng gōng néng lǚ yóu nóng
态、丰富生活等功能。旅游农
yè de fā zhǎn yǒu lì yú chéng xiāng jiān guān xì
业的发展，有利于城乡间关系
de hé xié qí fā zhǎn qián jǐng shí fēn guǎng kuò
的和谐，其发展前景十分广阔。

生态农业

ZOUJIN AOMI SHIJIE

生态农业是指以生态经济系统原理为指导建立起来的资源、环境、效率、效益兼顾的综合性农业生产体系。

中国的生态农业在20世纪70年代的主要措施是实行粮、豆轮作，混种牧草，混合放牧，增施有机肥，采用生物防治，实行少免耕，减少化肥、农药、机械的投入等；20世纪80年代创造了许多具有明显增

生态农业的生产以资源的永续利用和生态环境保护为重要前提。

chǎn zēng shōu xiào yì de shēng tài nóng yè mó shì rú dào tián yǎng yú yǎng píng lín liáng lín guǒ lín yào jiàn zuò de zhǔ tǐ nóng yè mó shì
产、增收效益的生态农业模式，如稻田养鱼、养萍，林粮、林果、林药间作的主体农业模式。

shēng tài nóng yè shì yì zhǒng zhī shi mì jí xíng de xiàn dài nóng yè tǐ xì shì nóng yè fā zhǎn de xīn mó shì
生态农业是一种知识密集型的现代农业体系，是农业发展的新模式。

仿生农药

ZOUJIN AOMI SHIJIE

fǎng shēng nóng yào shì zhǐ yóu rén gōng fǎng zhì
仿生农药是指由人工仿制
zì rán jiè huà hé wù ér zhì chéng de
自然界化合物而制成的
nóng yào dāng fā xiàn zì rán jiè zhōng
农药。当发现自然界中
mǒu zhǒng dòng zhí wù tǐ nèi hán yǒu
某种动、植物体内含有
de wù zhì duì bìng chóng zá cǎo
的物质，对病、虫、杂草
jù yǒu dú shā zuò yòng shí rén men biàn yán jiū zhè xiē wù zhì de shēng wù huó
具有毒杀作用时，人们便研究这些物质的生物活
xìng yǒu xiào chéng fèn huà xué jié
性、有效成分、化学结
gòu zài yòng rén gōng hé chéng fāng
构，再用人工合成方
fǎ fǎng zhì zhè xiē huà hé wù huò
法仿制这些化合物或
tā de lèi sì wù zuò wéi shā chóng
它的类似物作为杀虫
huò shā jūn jì lì rú shā chóng
或杀菌剂。例如，杀虫

▲沙蚕。

▲正在喷洒农药的飞机。

jì bā dān jiù shì gēn jù hǎi biān dòng wù
剂巴丹就是根据海边动物
yì zú suǒ cán sú chēng shā cán tǐ
异足索蚕（俗称沙蚕）体
nèi dú sù de huà xué jié gòu yán zhì chū
内毒素的化学结构研制出
de lèi sì yǒu dú de huà hé wù
的类似有毒的化合物。

zài shì yàn tián li dì yī tiān jiāng fǎng shēng
在试验田里，第一天将仿生
nóng yào pēn sǎ zài cǎo méi shang dì èr tiān jiù kě
农药喷洒在草莓上，第二天就可
yǐ cǎi zhāi zhè chōng fèn shuō míng fǎng shēng nóng yào de dú xìng zhī dī yóu yú
以采摘。这充分说明仿生农药的毒性之低。由于
fǎng shēng nóng yào chū zì ān quán de tiān rán wù
仿生农药出自安全的天然物，
jù yǒu dú xìng dī cán
具有毒性低、残

仿生农药的种类?

目前，仿生农药可以分为三类：一是植物源农药、抗生素农药的有效化学结构的修饰物；二是通过模仿生物农药的有效化学结构，人工合成的农药；三是在生物源中选择有农药活性的化学结构进行多种结构修饰而合成的系列化的农药产品。

liú dī yǔ huán jìng xiāng róng xìng hǎo guǎng
留低、与环境相容性好，广
pǔ gāo xiào děng tè diǎn zhǐ shì zhēn duì
谱、高效等特点，只是针对
hài chóng duì rén chù wú hài suǒ yǐ yǒu hěn
害虫，对人畜无害，所以有很
dà de fā zhǎn kōng jiān mù qián fǎng shēng
大的发展空间。目前，仿生
nóng yào yǐ jīng zhàn jù nóng yào shì chǎng de
农药已经占据农药市场的
yí bàn fā zhǎn lù sè nóng yè hái xū yào
一半，发展绿色农业还需要
jiā qiáng duì fǎng shēng nóng yào de yán zhì
加强对仿生农药的研制。

▲仿生农药保障了农产品的无污染和安全性。

CHAPTER 5 第五章

工业技术

现代工业发展飞速，各种各样的新材料层出不穷，使我们的生活发生了天翻覆地的变化，令人们不得不惊叹科技的伟大。

高分子材料

ZOUJIN AOMI SHIJIE

gāo fēn zǐ cái liào shì zhǐ yóu fēn zǐ liàng jiào gāo de huà hé wù gòu chéng de cái liào wǒ men jiē chù de tiān rán cái liào tōng cháng shì yóu gāo fēn zǐ cái liào zǔ chéng de rú shí yóu mián huā rén tǐ qì guān děng rén gōng hé chéng de huà xué xiān wéi shù zhī sù liào hé xiàng jiāo děng yě shì rú cǐ

高分子材料是指由分子量较高的化合物构成的材料。我们接触的天然材料通常是由高分子材料组成的，如石油、棉花、人体器官等。人工合成的化学纤维、树脂、塑料和橡胶等也是如此。

rén gōng hé chéng de gāo fēn zǐ cái liào zhōng sù liào zài wǒ men de shēng huó zhōng suí chù kě jiàn jiā li cháng yòng de jiāo pí shǒu

人工合成的高分子材料中，塑料在我们的生活中随处可见；家里常用的胶皮手

橡胶做成的篮球。

▲在我们的生活中，高分子材料无处不在。

tào jiù shì yòng xiàng jiāo zuò de
套，就是用橡胶做的。

gāo fēn zǐ cái liào yǐ jīng
高分子材料已经

guǎng fàn yìng yòng yú kē xué jì
广泛应用于科学技

shù guó fáng jiàn shè hé guó mín jīng
术、国防建设和国民经

jì děng gè gè lǐng yù bìng yǐ
济等各个领域，并已

chéng wéi xiàn dài shè huì shēng huó
成为现代社会生活

zhōng bù kě quē shǎo de cái liào
中不可缺少的材料。

高分子材料?

按照来源，高分子材料可以分为三类：天然、半合成（改性天然高分子材料）、合成高分子材料。人类应用蚕丝、棉、毛织成衣物，用木材等造纸都是在应用天然高分子材料。1907 年，合成高分子酚醛树脂的出现，标志着人类应用合成高分子材料的开始。

高吸水性树脂

ZOUJIN AOMI SHIJIE

gāo xī shuǐ xìng shù zhī shì yī
高吸水性树脂(SAP)是一
zhǒng gāo fēn zǐ cái liào yǒu zhe qí tè de xī
种高分子材料，有着奇特的吸
shuǐ xìng néng hé bǎo chí shuǐ fèn de néng lì
水性能和保持水分的能力。
gāo xī shuǐ xìng shù zhī xī shuǐ liàng kě dá zì
高吸水性树脂吸水量可达自
shēn zhòng liàng de shù bǎi bèi shèn zhì shàng qiān
身重量的数百倍甚至上千
bèi wú dú wú hài wú wū rǎn
倍，无毒、无害、无污染。

应用在农林

在农林业方面，高吸水性树脂除了吸水，还能吸收肥料、农药，并缓慢释放出来以增加肥效和药效。

高吸水性树脂历史

1982年，纸尿裤需求的增大促进了高分子凝胶的研究，90年代，高分子学会开始成立“高分子凝胶研究会”。

nián rì běn sān yáng huà chéng
1976年，日本三洋化成
shì quán qiú zuì zǎo yán jiū hé shēng
是全球最早研究和生
chǎn xī shuǐ xìng shù zhī de chǎng jiā
产吸水性树脂的厂家。
zhī hòu gè guó xiāng jì kāi shǐ yán
之后，各国相继开始研
jiū gāo xī shuǐ xìng shù zhī
究高吸水性树脂。

珠状高吸水性树脂和高吸水性树脂干燥剂。

gāo xī shuǐ xìng shù zhī yīn qí qí tè de xī shuǐ xìng ér yìng yòng guǎng fàn
高吸水性树脂因其奇特的吸水性而应用广泛。
shēng huó zhōng yòng gāo xī shuǐ xìng shù zhī zhì chéng de yīng ér zhǐ niào kù bù
生活中，用高吸水性树脂制成的婴儿纸尿裤，不
jǐn xī shuǐ xìng dà ér qiě ān quán shū shì shēn shòu mā ma men de xǐ ài
仅吸水性大，而且安全舒适，深受妈妈们的喜爱。
rén men de shēng huó yǐ jīng lí bù kāi gāo xī
人们的生活已经离不开高吸
shuǐ xìng shù zhī
水性树脂。

高吸水性树脂做成的冰垫。

高吸水性树脂发展

最早的高吸水性树脂是1974年美国学业部北方研究所研制的淀粉接枝丙烯腈共聚物的水解物，但20世纪80年代初却是日本的高吸水性树脂开发技术占据了世界主导地位。目前，全世界生产高吸水性树脂的厂家有30~40个，主要分布在日本、美国及欧洲。

记忆合金

ZOUJIN AOMI SHIJIE

▲镍钛合金是一种形状记忆合金。

shì jì nián dài shì jiè cái
20世纪60年代，世界材
liào kē xué zhōng chū xiàn le yì zhǒng jì
料科学中出现了一种“记
yì hé jīn lì rú yì gēn luó xuán zhuàng gāo wēn
忆”合金。例如，一根螺旋状高温
hé jīn jīng gāo wēn tuì huǒ hòu tā de xíng zhuàng chǔ yú luó xuán zhuàng tài
合金，经高温退火后，它的形状处于螺旋状态。
zài shì wēn xià jí shǐ huā hěn dà lì qi bǎ tā qiáng xíng lā zhí dàn zhǐ yào
在室温下，即使花很大力气把它强行拉直，但只要
bǎ tā jiā rè dào yí dìng de biàn tài wēn dù shí zhè gēn hé jīn fǎng fú jì
把它加热到一定的“变态温度”时，这根合金仿佛记
qǐ le shén me shì de lì jí huī fù dào tā yuán lái de luó xuán xíng tài
起了什么似的，立即恢复到它原来的螺旋形态。

铜锌记忆合金丝。

zhì jīn fā xiàn jù yǒu jì yì
至今，发现具有“记忆”
néng lì de hé jīn yǐ dá zhǒng yǒu
能力的合金已达80种，有
xiē yǐ zài mǒu xiē lǐng yù huò dé shí jì
些已在某些领域获得实际
yìng yòng zài jī xiè fāng miàn yòng jì
应用。在机械方面，用记
yì hé jīn zhì chéng de tào guǎn kě yǐ
忆合金制成的套管可以

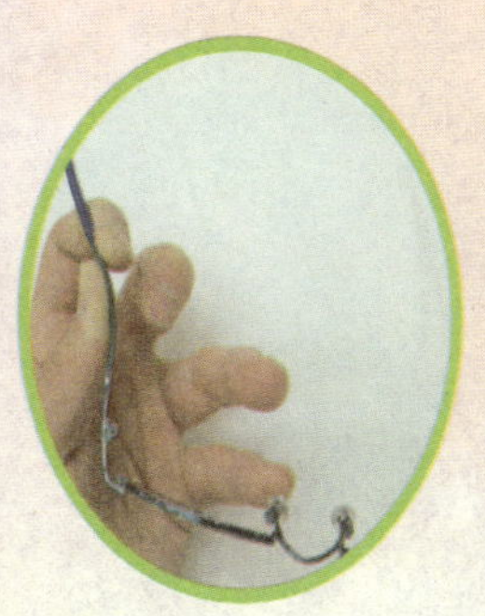

代替焊接；在医学领域，记忆合金可以做接骨用的骨板。在航天领域，宇航员在月球放置的半圆形的天线就是用记忆合金做的。记忆合金在航空航天领域还会有更大的发展。

规范的分类

形状记忆合金分为三类，单程记忆合金、双程记忆合金、全程记忆合金。这是按照加热和冷却时各自的表现分的。

记忆合金的特点

除了有记忆功能，记忆合金还具有质量轻、强度高和耐腐蚀性等特点，所以深受各领域的青睐。

环境生态学

记忆合金的应用在未来会越来越广泛。例如，用记忆合金制作的眼镜架，即使不小心被碰弯了，只要放在热水中，眼镜架就可以恢复原状；如果用记忆合金做汽车的外壳，即使不小心被撞了，只要加热汽车就能恢复原状了，多方便啊！

记忆合金是一种有“生命的合金”，它的用途在不断扩大。

金属玻璃

ZOUJIN AOMI SHIJIE

nián měi guó kē xué jiā pí dù wēi
1960年，美国科学家皮·杜威
shǒu xiān fā xiàn jīn guī hé jīn děng yè tài guì jīn
首先发现：金硅合金等液态贵金
shǔ hé jīn zài lěng què sù dù fēi cháng kuài de qíng
属合金在冷却速度非常快的情
kuàng xià dāng jīn shǔ nèi bù de yuán zǐ lái bu
况下，当金属内部的原子来不
jí lǐ shùn wèi zhì réng chǔ yú wú xù wěn luàn
及“理顺”位置，仍处于无序紊乱
zhuàng tài shí biàn huì mǎ shàng níng gù chéng wéi fēi
状态时，便会马上凝固，成为非
jīng tài jīn shǔ zhè xiē fēi jīng tài jīn shǔ
晶态金属。这些非晶态金属
jù yǒu lèi sì bō li de mǒu xiē jié gòu tè
具有类似玻璃的某些结构特
zhēng gù chēng wéi jīn shǔ bō li
征，故称为“金属玻璃”。
měi guó jiā zhōu de jì shù gōng
美国加州的技术公
sī gǎi jìn le jīn shǔ bō li jì
司改进了金属玻璃技

金属玻璃即使在变形后也很容易弹回到它的初始状态。

金属玻璃的发现人——皮·杜威。

凝固的金属玻璃。

shù zhì zào chū de jīn shǔ bō li de qiáng dù bǐ zuì hǎo de gōng yè yòng gāng
术，制造出的金属玻璃的强度比最好的工业用钢

qiáng dù gāo bèi tán xìng dà bèi qí
强度高3倍，弹性大10倍，其

xìng néng fēi cháng yōu yì
性能非常优异。

jīn shǔ bō li yǐ jīng chéng wéi dāng jīn
金属玻璃已经成为当今

cái liào xué lǐng yù zuì huó yuè de cái liào zhī yī
材料学领域最活跃的材料之一。

广泛的应用

早期研制的金属玻璃用于制造高尔夫球棍的头儿，它也是制造变压器和其他产品的理想材料。

被称赞的玻璃之王

金属玻璃拥有独特的机械性和磁性，因此被人们称赞为“敲不碎、砸不烂”的“玻璃之王”。

航空材料

ZOUJIN AOMI SHIJIE

háng kōng cái liào fàn zhǐ yòng yú zhì zào háng kōng
航空材料泛指用于制造航空
fēi xíng qì de cái liào chū yú duì háng kōng fēi xíng jí
飞行器的材料。出于对航空飞行及
qí ān quán xìng de kǎo lǜ háng kōng jié gòu cái liào de
其安全性的考虑，航空结构材料的
tè diǎn shì qīng zhì gāo qiáng gāo kě kào
特点是轻质、高强、高可靠。

zài xiàn dài cái liào kē xué yǔ jì shù de fā zhǎn lì
在现代材料科学与技术的发展历
chéng zhōng háng kōng cái liào yì zhí bàn yǎn zhe xiān fēng
程中，航空材料一直扮演着先锋
hé jī chǔ zuò yòng jī tǐ
和基础作用：机体
cái liào de jìn bù bù
材料的进步不

航空材料

利用先进航空材料制成的驾驶室设备保证了飞机的安全运行。

仅推动飞行器本身的发展，而且带动了地面交通工具及空间飞行器的进步；发动机材料的发展则推动着动力产业和能源行业的不断进步。

航空材料具有一系列的优点，比如，优良的耐高温性能，耐老化和

航空材料

航空材料的深入研究推动着航天事业的蓬勃发展。2008年9月25日，中国航天员穿着我国自主研制的"飞天"航天服，飞往太空，完成了神奇的太空之旅。这种舱外航天服可以有效地保障航天员在太空行走的安全，使其保持良好的活动性，较为灵活。

飞行器材料

组成飞行器的航空材料发展迅速，从铝合金、高强钢、高强钛合金到聚合物复合材料，越来越先进。

生活中的航空材料

航空材料不仅应用在航空航天上，生活中，用废弃的飞机材料做成的家具、新型灯具备受欢迎。

nài fǔ shí néng gòu shì yìng kōng jiān huán jìng děng xiàn
耐腐蚀，能够适应空间环境等。现
zài rén men zhèng zài zhú jiàn bǎ háng kōng cái liào guǎng
在，人们正在逐渐把航空材料广
fàn de yìng yòng yú shēng huó dāng zhōng
泛地应用于生活当中。
yí dài cái liào yí dài fēi xíng qì
“一代材料，一代飞行器”
shì háng kōng gōng yè fā zhǎn de zhēn shí xiě
是航空工业发展的真实写
zhào yě shì háng kōng cái liào dài dòng xiāng guān lǐng yù fā zhǎn de shēng dòng
照，也是航空材料带动相关领域发展的生动
miáo shù kě yǐ shuō háng kōng cái liào fǎn yìng jié gòu cái
描述。可以说，航空材料反映结构材
liào fā zhǎn de qián yán tā dài biǎo le yí gè guó jiā jié
料发展的前沿，它代表了一个国家结
gòu cái liào jì shù de zuì gāo shuǐ píng
构材料技术的最高水平。

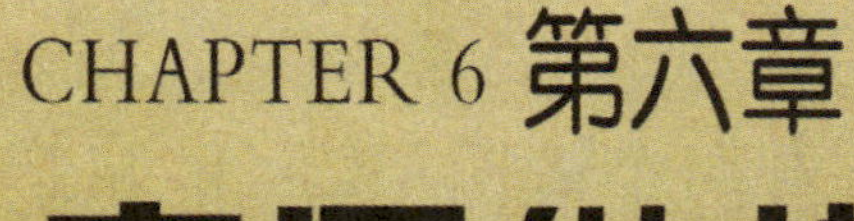

交通纵横

我们的生活离不开衣食住行，而出行在生活中的地位也越来越重要。现在我们出行不光讲究方便、快捷，还要讲究安全、舒适。

高速公路

gāo sù gōng lù shì jù yǒu sì gè huò sì gè yǐ shàng chē dào shè yǒu zhōng yāng
高速公路是具有四个或四个以上车道，设有中央
fēn gé dài jù yǒu quán miàn de ān quán shè shī hé guǎn lǐ shè shī kòng zhì qì chē
分隔带，具有全面的安全设施和管理设施，控制汽车
fēn dào fēn xiàng xíng shǐ de xiàn dài huà gōng lù
分道分向行驶的现代化公路。

zài gōng lù shè jì shang tā chú le kǎo lǜ suǒ lián tōng de dì diǎn hái yào kǎo lǜ
在公路设计上，它除了考虑所连通的地点，还要考虑
gōng lù jīng guò dì qū de dì zhì qíng kuàng jǐn kě néng bì miǎn dà de gāo dī luò chā
公路经过地区的地质情况，尽可能避免大的高低落差。

nián zhōng guó dì yī tiáo quán cháng qiān mǐ de shàng hǎi jiā
1988年，中国第一条全长18.5千米的上海-嘉

高速公路为人们的生活提供了便利。

dìng gāo sù gōng lù jiàn chéng tōng chē
定高速公路建成通车。

nián zhōng guó dì yī tiáo lì yòng shì jiè yín háng dài kuǎn jiàn shè de kuà shěng
1993年，中国第一条利用世界银行贷款建设的跨省

shì gāo sù gōng lù quán cháng qiān mǐ de jīng jīn táng gāo sù gōng lù jiàn
市高速公路——全长143千米的京津塘高速公路建

chéng tōng chē
成通车。

gāo sù gōng lù de fā zhǎn jiā sù le wù zī de liú
高速公路的发展加速了物资的流

tōng shǐ yán xiàn de chéng shì gōng yè zhōng xīn
通，使沿线的城市、工业中心、

jiāo tōng shū niǔ hé kāi fàng gǎng kǒu de lián xì
交通枢纽和开放港口的联系

gèng jiā biàn jié dà dà cù jìn bìng dài dòng
更加便捷，大大促进并带动

le qí tā chǎn yè de fā zhǎn hé jìn bù
了其他产业的发展和进步。

立交桥

xiàn dài shè huì de fā zhǎn chéng shì
现代社会的发展，城市
rén kǒu jí jù zēng jiā suí zhī ér lái de
人口急剧增加，随之而来的
shì rén men de chū xíng chū xiàn le kùn nan
是人们的出行出现了困难，
rì yì zēng duō de chē liàng dǎo zhì le chéng
日益增多的车辆导致了城
shì jiāo tōng dǔ sè yōng jǐ píng miàn jiāo chā
市交通堵塞拥挤，平面交叉
de jiāo tōng xì tǒng yǐ jīng bù néng mǎn zú
的交通系统已经不能满足
rén men de xū qiú lì jiāo qiáo jiù shì wèi
人们的需求，立交桥就是为

四元桥

位于首都机场高速公路上的四元桥是四层全互通式大型立交桥，共有大小桥梁26座，是全国最大的城市立交桥。

北京西直门立交桥

西直门立交桥是北京二环路西北的一座立交桥，位于北京老城墙西北角，原北京西直门原址上。

立交桥保证了车辆通行顺畅。

bǎo zhèng jiāo tōng hù bù gān rǎo ér zài dào
保证交通互不干扰，而在道
lù tiě lù jiāo chā chù jiàn zào de qiáo liáng
路铁路交叉处建造的桥梁。

nián měi guó shǒu xiān
1928年，美国首先
zài xīn zé xī zhōu de liǎng tiáo dào
在新泽西州的两条道
lù jiāo chā chù xiū jiàn le dì yī tiáo
路交叉处修建了第一条
mù xu yè xíng de gōng lù jiāo chā qiáo
苜蓿叶形的公路交叉桥。
zhī hòu qí tā gè guó lù xù kāi shǐ xiū jiàn lì jiāo
之后，其他各国陆续开始修建立交
qiáo zhōng guó de xǔ duō chéng shì jīng cháng fā shēng jiāo tōng yōng jǐ xiàn xiàng
桥。中国的许多城市经常发生交通拥挤现象，
suǒ yǐ hěn duō chéng shì xiū jiàn de lì jiāo qiáo qǐ dào le hěn dà de zuò yòng
所以很多城市修建的立交桥起到了很大的作用。

夜色中的立交桥是一道美丽的风景线。

立交桥

立交桥的出现缓解了平面交叉道口的车辆堵塞和拥挤现象。

悬索桥

ZOUJIN AOMI SHIJIE

xuán suǒ qiáo shì qiáo miàn zhī chéng zài xuán suǒ yě chēng dà lǎn shang de qiáo shì tè dà kuà jìng qiáo liáng de zhǔ yào xíng shì zhī yī yòu chēng diào qiáo yì bān rèn wéi kuà jìng mǐ yǐ shàng yīng yōu xiān kǎo lǜ xuán suǒ qiáo fāng àn zhǔ yào chéng zhòng jié gòu yóu lǎn suǒ qiáo tǎ hé máo dìng zǔ chéng de qiáo liáng

悬索桥是桥面支承在悬索（也称大缆）上的桥，是特大跨径桥梁的主要形式之一，又称吊桥。一般认为，跨径600米以上应优先考虑悬索桥方案，主要承重结构由缆索、桥塔和锚碇组成的桥梁。

悬索桥的优缺点？

优点：悬索桥的结构特殊，跨度比较长，高度较高，可以使船只在桥下顺利通过，不需要建造桥墩，这种桥可以在水流较急、海水较深的地方建造；它的设计和构造比较灵活。缺点：悬索桥对地面的压力很大，坚固性不是很强，容易被恶劣的自然环境破坏。

xuán suǒ qiáo zài gè guó de qiáo
悬索桥在各国的桥
liáng jiàn shè zhōng jù yǒu zhòng yào de
梁建设中具有重要的
yì yì nián jiàn chéng de rì
意义。1998年建成的日
běn míng shí hǎi xiá dà qiáo shì mù
本明石海峡大桥是目
qián shì jiè shang kuà dù zuì dà de
前世界上跨度最大的
xuán suǒ qiáo zhǔ kuà mǐ
悬索桥，主跨1 990米。
zhōng guó jiāng yīn cháng jiāng qiáo zhǔ
中国江阴长江桥主
kuà mǐ shì zhōng guó zuì
跨1 385米，是中国最
dà de xuán suǒ qiáo ér hǔ mén dà
大的悬索桥。而虎门大
qiáo shì yóu wǒ guó zì xíng shè jì jiàn
桥是由我国自行设计建
zào de dì yī zuò tè dà xíng xuán suǒ
造的第一座特大型悬索
qiáo qí zhǔ háng dào kuà jìng
桥。其主航道跨径888
mǐ jū zhōng guó qián liè bèi yù
米，居中国前列，被誉
wéi shì jiè dì yī kuà
为“世界第一跨”。

▲悬索桥是跨越能力最大的桥式。

▲夜色中的约翰维兹悬索桥。

▲夜色下的悬索桥。

地铁

ZOUJIN AOMI SHIJIE

dì tiě jù yǒu jié shěng tǔ dì jiǎn shǎo zào yīn jiǎn shǎo gān rǎo jié yuē néng
地铁具有节省土地、减少噪音、减少干扰、节约能
yuán de yōu diǎn ér qiě ān quán xìng jiào qiáng dàn shì zào jià chéng běn jiào gāo
源的优点，而且安全性较强，但是造价成本较高。

dì shang chē liú rú zhī dì xia de jiāo tōng yùn shū yě xiāng dāng fán
地上车流如织，地下的交通运输也相当繁
máng zhè jiù shì dì tiě dì tiě gù míng sī yì jiù shì xiū jiàn zài dì xià suì
忙，这就是地铁。地铁，顾名思义就是修建在地下隧
dào zhōng de tiě lù shì jiè shang dì yī tiáo dì tiě
道中的铁路。世界上第一条地铁
shì lún dūn dì tiě dàn shēng yú nián
是伦敦地铁，诞生于1863年，
měi tiān yuē yǒu shàng qiān bān liè chē xíng shǐ qí
每天约有上千班列车行驶其
jiān mò sī kē dì tiě
间。莫斯科地铁

地铁是现代社会一种方便、快捷的交通方式。

yě shì jiào wéi gǔ lǎo de dì tiě qí chē zhàn zhuāng shì huá lì pō
也是较为古老的地铁，其车站装饰华丽，颇
jù gōng diàn shì yì shù zhǎn lǎn guǎn de fēng cǎi nián
具宫殿式艺术展览馆的风采。1956年，
bā lí dì tiě shuài xiān gěi chē xiāng xià miàn de chē lún ān
巴黎地铁率先给车厢下面的车轮安
zhuāng shàng le qì tāi yǐ bì miǎn zhèn dòng
装上了气胎，以避免震动。

dì tiě jué dà duō shù shì yòng lái yùn zài chéng kè
地铁绝大多数是用来运载乘客
de dàn shì zài hěn duō chǎng hé xià dì tiě hái yǒu qí
的，但是在很多场合下，地铁还有其
tā de zuò yòng měi guó zhī jiā gē céng yǒu yòng lái yùn zài huò
他的作用。美国芝加哥曾有用来运载货
wù de dì xià tiě lù yīng guó lún dūn yì yǒu zhuān mén yùn zài yóu
物的地下铁路；英国伦敦亦有专门运载邮
jiàn de dì xià tiě lù dì èr cì shì jiè dà zhàn shí dì tiě bèi yòng zuò gōng
件的地下铁路。第二次世界大战时，地铁被用作工
chǎng huò fáng kōng dòng
厂或防空洞。

磁悬浮列车

ZOUJIN AOMI SHIJIE

cí xuán fú liè chē zài yùn xíng de guò chéng
磁悬浮列车在运行的过程
zhōng cí xuán fú jiàn xì yuē lí mǐ yǒu líng
中，磁悬浮间隙约1厘米，有“零
gāo dù fēi xíng qì de měi yù yóu yú liè chē
高度飞行器”的美誉。由于列车
lì yòng cí xuán fú shǐ qí tái lí dì miàn xiāo
利用磁悬浮，使其抬离地面，消
chú le yǔ guǐ dào miàn de zhí jiē mó cā jù yǒu
除了与轨道面的直接摩擦，具有
zào shēng xiǎo néng hào shǎo wú wū rǎn ān
噪声小、能耗少、无污染、安

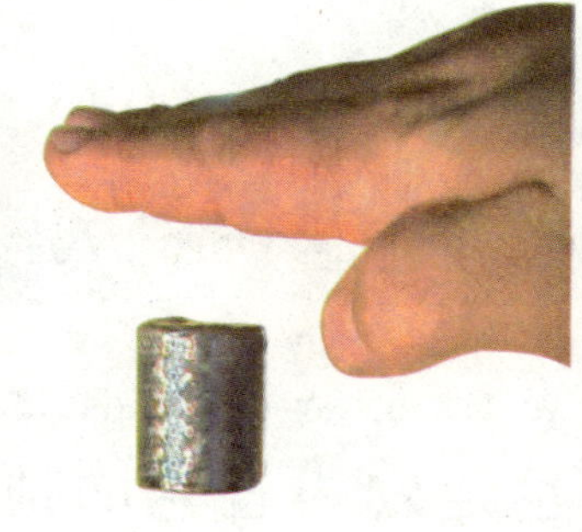

磁悬浮列车利用的是磁铁“同性相斥，异性相吸”的原理。

“世纪号”磁悬浮列车。

quán shū shì hé gāo sù gāo
全舒适和高速高
xiào děng tè diǎn
效等特点。

nián xī nán
2000年，西南
jiāo tōng dà xué yán zhì de
交通大学研制的
shì jiè shang dì yī liàng zài
世界上第一辆载
rén gāo wēn chāo dǎo cí xuán
人高温超导磁悬
fú liè chē shì jì hào yǐ jí hòu lái yán zhì de zài rén cháng wēn cí xuán fú
浮列车“世纪号”以及后来研制的载人常温磁悬浮
liè chē wèi lái hào shòu dào le quán qiú de guān zhù nián xī nán jiāo
列车“未来号”受到了全球的关注。2003年，西南交
dà zài sì chuān chéng dū de qīng shān
大在四川成都的青山
cí xuán fú liè chē xiàn wán
磁悬浮列车线完
gōng xī yǐn le guó nèi
工，吸引了国内
wài de yóu kè qián lái cān
外的游客前来参
guān shì zuò
观、试坐。

现代客机

ZOUJIN AOMI SHIJIE

jìn nián lái shì jiè gè dì de háng kōng shì
近年来，世界各地的航空事
yè dōu yǒu le hěn dà de fā zhǎn yóu qí shì xiàn
业都有了很大的发展，尤其是现
dài kè jī de jìn bù xiàn dài kè jī jù yǒu sù dù
代客机的进步。现代客机具有速度
kuài zhǔn shí qǐ fēi lǜ gāo yòng yóu shěng piào
快、准时起飞率高、用油省、票
jià dī lián de tè diǎn yīn cǐ bèi chēng wéi kōng
价低廉的特点，因此被称为“空
zhōng gōng gòng qì chē
中公共汽车”。

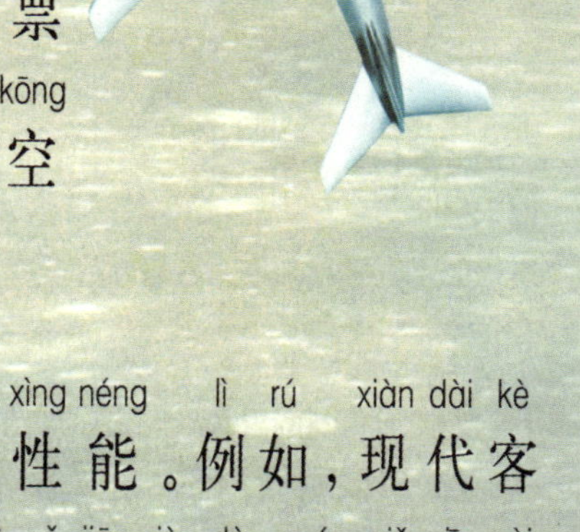

xiàn dài kè jī jù yǒu xǔ duō liáng hǎo de xìng néng lì rú xiàn dài kè
现代客机具有许多良好的性能。例如，现代客
jī cǎi yòng dà xíng kuān jī shēn jī cāng de zuò yǐ jiān jù dà ér qiě jī nèi
机采用大型宽机身，机舱的座椅间距大，而且机内

的噪声能得到有效控制，乘坐这种客机会十分舒适。现代客机还装有完善的无线电导航和着陆设备。西方发达国家生产的一种型号为A-310的空中公共汽车式客机，采用了一种新颖的机翼。一般飞机在以每小时800~900千米的速度飞行时，机翼上方就会出现一种“激波”，使飞机阻力

著名的客机

协和、波音和空中客车是目前世界上最著名的三种客机，协和是超音速，波音和空中客车是亚音速。

客机和其生产公司

现在最大的客机是空中客车 A380，是由法国空中客车公司生产的，有名的客机生产公司还有美国波音公司等。

▲豪华舒适的空中客机舱。

jí jù shàng shēng dàn shì
急剧上升。但是A－

cǎi yòng zhè zhǒng xīn xíng jī yì zhí dào fēi jī fēi xíng sù dù dá dào shí
310采用这种新型机翼，直到飞机飞行速度达到时

sù qiān mǐ yǐ shàng shí jī yì cái huì chū xiàn jī bō zhè xiàng cuò shī
速950千米以上时，机翼才会出现激波。这项措施

chōng fèn tū chū le xiàn dài kè jī kuài de tè diǎn
充分突出了现代客机“快”的特点。

xiàn dài kè jī zài wèi lái huì gèng jiā xiān jìn bìng wèi rén men tí gōng
现代客机在未来会更加先进，并为人们提供

gèng duō de biàn lì
更多的便利。

豪华的客机

世界大型民用飞机载重能力大，机舱内有商务中心、健身房、医疗中心、图书馆、餐厅和酒吧等设施。

CHAPTER 7 第七章

航空航天

航空航天事业是21世纪最重要的科研项目之一，也是体现一个国家综合国力的重要标准，中国现在蓬勃发展的航天事业就是最好的证明。

运载火箭

ZOUJIN AOMI SHIJIE

nián zhōng guó kāi shǐ zì xíng yán zhì xiàn dài huà huǒ
1956年，中国开始自行研制现代化火
jiàn nián yuè rì zhōng guó zì xíng shè jì yán zhì de
箭。1964年6月29日，中国自行设计研制的
zhōng chéng huǒ jiàn shì fēi chéng gōng jīng guò nián de jiān kǔ nǔ
中程火箭试飞成功。经过5年的艰苦努
lì nián yuè rì cháng zhēng hào yùn zài huǒ
力，1970年4月24日，“长征1号”运载火
jiàn dàn shēng shǒu cì fā shè dōng
箭诞生，首次发射“东
fāng hóng hào wèi xīng bìng huò
方红1号”卫星，并获
dé jù dà chéng gōng
得巨大成功。

cháng zhēng xì liè huǒ jiàn
“长征”系列火箭
biàn shì yùn zài huǒ jiàn tā shì zhǐ
便是运载火箭，它是指
yòng sù dù kè fú dì qiú yǐn lì
用速度克服地球引力，
jiāng dì qiú wèi xīng zài rén fēi
将地球卫星、载人飞

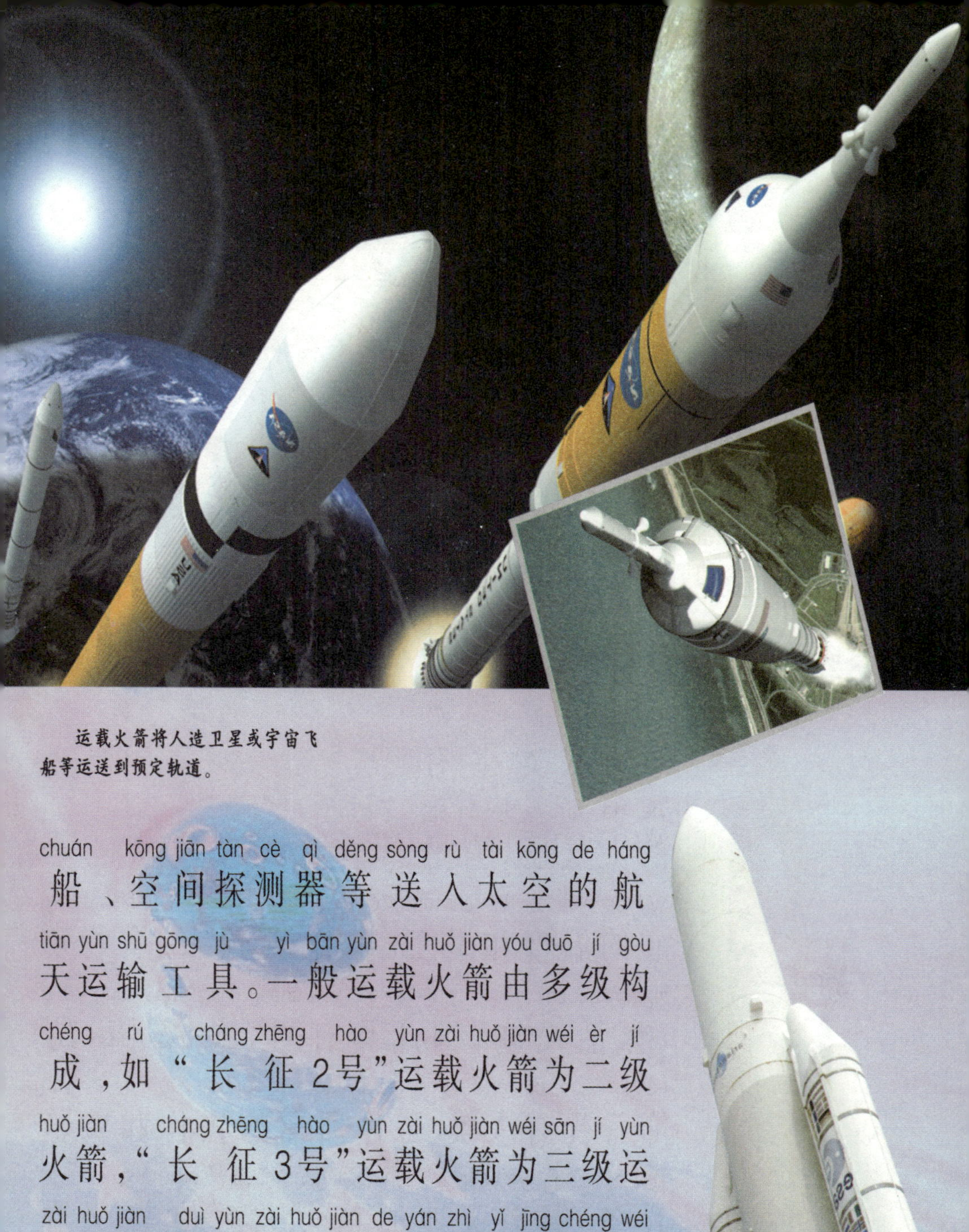

运载火箭将人造卫星或宇宙飞船等运送到预定轨道。

chuán kōng jiān tàn cè qì děng sòng rù tài kōng de háng
船、空间探测器等送入太空的航
tiān yùn shū gōng jù yì bān yùn zài huǒ jiàn yóu duō jí gòu
天运输工具。一般运载火箭由多级构
chéng rú cháng zhēng hào yùn zài huǒ jiàn wéi èr jí
成，如“长征2号”运载火箭为二级
huǒ jiàn cháng zhēng hào yùn zài huǒ jiàn wéi sān jí yùn
火箭，“长征3号”运载火箭为三级运
zài huǒ jiàn duì yùn zài huǒ jiàn de yán zhì yǐ jīng chéng wéi
载火箭。对运载火箭的研制已经成为
gè guó háng kōng lǐng yù de zhòng yào kè tí
各国航空领域的重要课题。

载人航天器

ZOUJIN AOMI SHIJIE

zài rén háng tiān qì shì zhǐ néng gòu mǎn zú rén zài qí zhōng shēng huó hé gōng zuò de háng tiān qì
载人航天器是指能够满足人在其中生活和工作的航天器。

tā yǔ rén zào wèi xīng děng bú zài rén háng tiān qì de zhǔ yào qū bié shì cāng nèi yǒu shì hé rén lèi shēng cún de dà qì yā yǒu shì yí de wēn dù hé shī dù bìng tí gōng yǐn shuǐ shí wù jí shēng huó shè shī yīn cǐ jù yǒu shēng mìng bǎo zhàng gōng néng jù yǒu rén lèi gōng zuò suǒ xū de cāo zuò hé shí yàn shè bèi jù yǒu tiān dì tōng xìn gōng néng shǐ háng tiān qì zhōng de rén néng gòu yǔ dì miàn kòng zhì zhōng xīn jìn xíng
它与人造卫星等不载人航天器的主要区别是：舱内有适合人类生存的大气压，有适宜的温度和湿度，并提供饮水、食物及生活设施，因此具有生命保障功能；具有人类工作所需的操作和实验设备；具有天地通信功能，使航天器中的人能够与地面控制中心进行

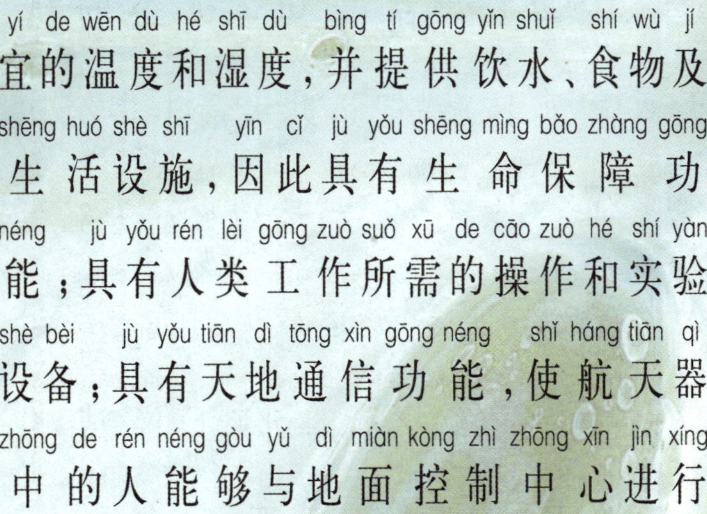

航天器

航天器是指在绕地球轨道或外层空间中按照受控飞行路线运行的载人飞行器。载人航天器按照其发展过程和功能可以分为三种：载人飞船、空间站和航天飞机。载人飞船能够满足人类对于开发太空资源的需求，这种技术成熟之后，空间站便产生了。

yǔ yīn tōng xìn
语音通信。

rén lèi zài zài rén háng tiān qì zhōng bù jǐn kě yǐ jìn xíng gè zhǒng shí yàn wán chéng gè zhǒng cè dìng wéi xiū hù lǐ háng tiān shè bèi hái néng jìn xíng rì cháng shēng huó
人类在载人航天器中，不仅可以进行各种实验、完成各种测定、维修护理航天设备，还能进行日常生活。

▲载人航天器的发明加速了人类认识太空的进程。

太空站

ZOUJIN AOMI SHIJIE

tài kōng zhàn shì zhǐ zài tài kōng yùn xíng, gōng háng tiān yuán zài qí zhōng cháng qī shēng huó、gōng zuò, bìng jù yǒu tíng bó qí tā háng tiān qì gōng néng de zài rén háng tiān qì。

太空站是指在太空运行，供航天员在其中长期生活、工作，并具有停泊其他航天器功能的载人航天器。

太空站的历史？

1971 年，苏联发射了世界上第一个太空站——“礼炮 1 号”，此后又陆续发射了“礼炮”2–7 号。美国 1973 年利用“阿波罗”登月计划的剩余物资发射了“天空实验室”太空站。2008 年 9 月 25 日，中国发射了“神舟七号”飞船。

tài kōng zhàn de zhǔ yào yòng tú shì lì yòng shī zhòng huán jìng jìn xíng cái liào jiā gōng、

太空站的主要用途是利用失重环境进行材料加工、

太空站利用高度资源进行对地观测和太阳观测。

shēng wù jì shù shī zhòng kē
生物技术、失重科
xué shēng mìng kē xué děng kē
学、生命科学等科
xué yán jiū
学研究。

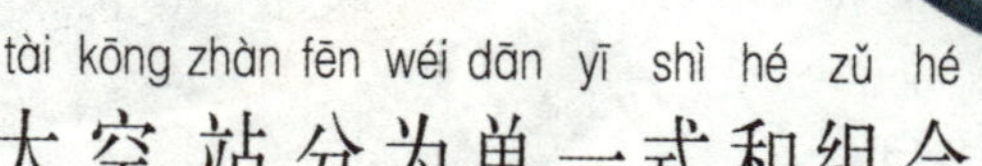

tài kōng zhàn fēn wéi dān yī shì hé zǔ hé
太空站分为单一式和组合
shì liǎng zhǒng xíng shì dān yī shì tài kōng zhàn yóu yùn zài huǒ jiàn huò zhě háng tiān
式两种形式。单一式太空站由运载火箭或者航天
fēi jī zhí jiē fā shè jìn rù yù dìng guǐ dào zǔ hé shì tài kōng zhàn zé xū yào
飞机直接发射进入预定轨道；组合式太空站则需要
yóu shù méi huǒ jiàn huò zhě háng tiān fēi jī jīng guò ruò
由数枚火箭或者航天飞机经过若
gān cì fā shè cái néng zǔ zhuāng chéng gōng
干次发射才能组装成功。

tài kōng zhàn de yán zhì shì rén lèi jìn
太空站的研制是人类进
rù tài kōng lǐng yù jiào zhòng yào de yí bù
入太空领域较重要的一步。

太空站又称空间站。

太空站功能强大。

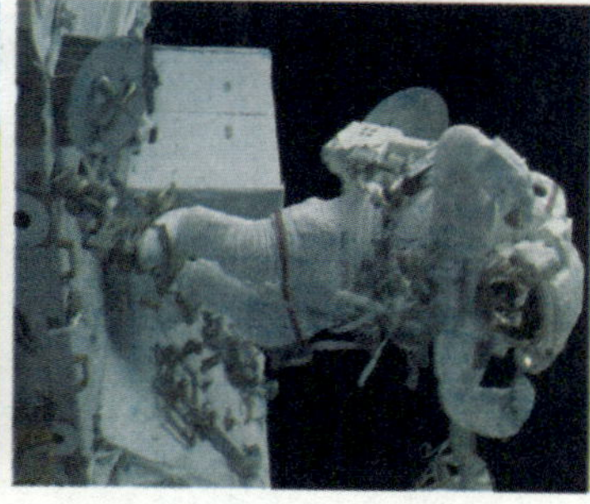

太空站中工作的宇航员。

探测器

探测器是指对月球、太阳、太阳系行星、彗星、小行星及宇宙天体进行探测的无人航天器。

▲水星探测器。

迄今为止，人类已经向月球、太阳及太阳系内除冥王星外的其他行星发射

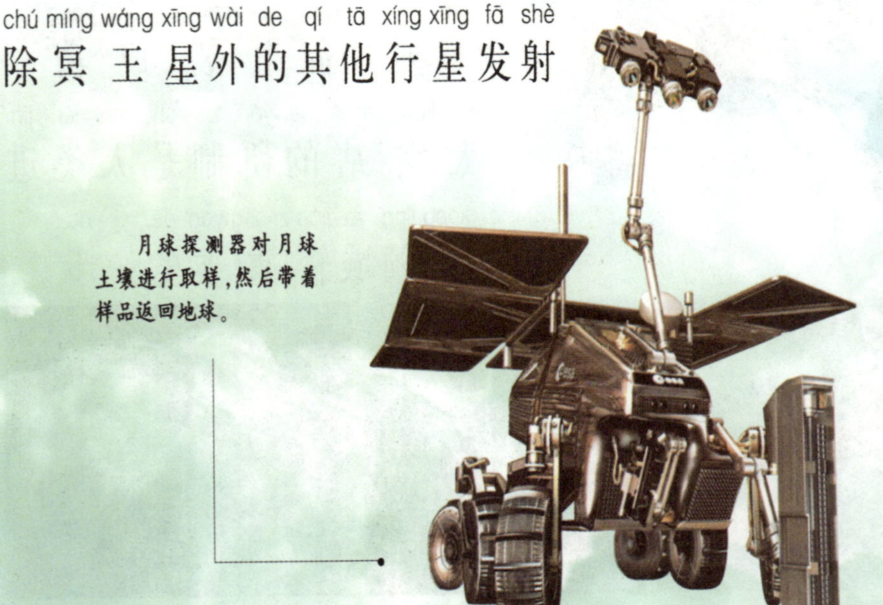

月球探测器对月球土壤进行取样，然后带着样品返回地球。

le tàn cè qì tàn cè qì kuò zhǎn le rén lèi de shì yě
了探测器，探测器扩展了人类的视野。

huǒ xīng shì rén men shí fēn gǎn xìng qù de xīng qiú yě shì fā shè tàn cè
火星是人们十分感兴趣的星球，也是发射探测
qì zuì duō de xīng qiú zhī yī nián zhōng guó huǒ xīng tàn cè jì huà zhōng
器最多的星球之一。2011年，中国火星探测计划中
de dì yī kē huǒ xīng tàn cè qì yíng huǒ yī hào zhèng shì fā shè
的第一颗火星探测器——“萤火一号”正式发射。

探测器

探测器的种类众多，图为人类发射的太阳探测器。

气象卫星

ZOUJIN AOMI SHIJIE

qì xiàng wèi xīng shì zhǐ xié dài gè zhǒng dà qì
气象卫星是指携带各种大气
yáo gǎn tàn cè yí qì cóng tài kōng duì dà qì céng jìn
遥感探测仪器，从太空对大气层进
xíng qì xiàng guān cè de rén zào wèi xīng qì xiàng wèi
行气象观测的人造卫星。气象卫
xīng zhōng de qì xiàng
星中的气象
yáo gǎn qì jiē shōu dì qiú jí qí dà qì de kě
遥感器接收地球及其大气的可
jiàn guāng hóng wài xiàn hé wēi bō fú shè bìng
见光、红外线和微波辐射，并
jiāng zhè xiē xìn xī chuán
将这些信息传
sòng dào dì miàn dì
送到地面，地

▲雷达气象卫星。

世界上第一颗气象卫星“泰罗斯号”是由美国发射的。

miàn jiē shōu zhàn jiē shōu hòu huì zhì chū
面接收站接收后绘制出
gè zhǒng yún céng dì biǎo hé yáng miàn
各种云层、地表和洋面
tú piàn jù cǐ kē xué jiā jiù kě yǐ
图片。据此，科学家就可以
dé zhī tiān qì biàn huà de qū shì
得知天气变化的趋势。

qì xiàng wèi xīng guān cè xiàn zài
气象卫星观测现在
yǐ jīng guǎng fàn yìng yòng yú qì xiàng
已经广泛应用于气象
guān cè huán jìng jiān cè dà qì hǎi
观测、环境监测、大气、海
yáng shuǐ wén de yán jiū hé jiān cè
洋、水文的研究和监测。

气象卫星

气象卫星的测试内容主要包括：卫星云图的拍摄；云顶温度、状况的观测；陆地表面状况的观测；大气水量的分布；大气中臭氧的含量及其分布；太阳的入射辐射以及地气体系向外太空的红外辐射；空间环境状况的监测。

天文卫星

tiān wén wèi xīng shì yì zhǒng rén zào wèi xīng shì yòng lái duì yǔ zhòu zhōng de tiān tǐ hé qí tā kōng jiān zhōng de wù zhì jìn xíng guān cè de háng tiān jì shù jiāng tiān wén wèi xīng sòng dào tài kōng bì kāi le dà qì céng de gān rǎo duì yǔ zhòu tiān tǐ hé qí tā tài kōng wù zhì de guān cè huò dé le qián suǒ wèi yǒu de fēng fù xìn xī

天文卫星是一种人造卫星，是用来对宇宙中的天体和其他空间中的物质进行观测的。航天技术将天文卫星送到太空，避开了大气层的干扰，对宇宙天体和其他太空物质的观测获得了前所未有的丰富信息。

原理

天文卫星通过接收宇宙天体的各种波段和射线，形成完整的宇宙图像。

dì yī kē tiān wén wèi xīng shì měi guó zài nián fā shè de tài yáng fú
第一颗天文卫星是美国在1960年发射的“太阳辐
shè jiān cè wèi xīng cè dào le tài yáng de zǐ wài xiàn hé shè xiàn
射监测卫星”，测到了太阳的紫外线和X射线。

tiān wén wèi xīng de guān cè duì háng tiān xué jù yǒu zhòng yào yì yì kōng
天文卫星的观测对航天学具有重要意义，空
jiān tiān wén xué yě zhú jiàn fā zhǎn chéng wéi le yì mén dú lì de xué kē
间天文学也逐渐发展成为了一门独立的学科。

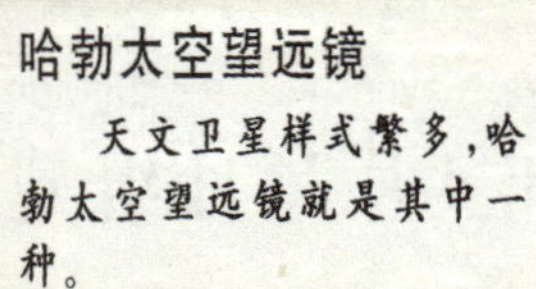

哈勃太空望远镜

天文卫星样式繁多，哈勃太空望远镜就是其中一种。

美国的天文卫星

美国自从1966年4月8日至1972年8月21日共发射了三颗天文卫星，其中第一颗是在发射后的第二天因能源不足，导致星载实验失败。轨道天文卫星获得了第一批恒星观测的紫外图像，其中轨道天文台三号在天蝎座还发现了一个黑洞。

和平号空间站

ZOUJIN AOMI SHIJIE

hé píng hào kōng jiān zhàn shì sū lián dì èr gè
和平号空间站是苏联第二个
zài rén kōng jiān zhàn yě shì shì jiè shang dì yī
载人空间站，也是世界上第一
gè cháng qī xìng kě biàn huàn gōng néng hé kuò dà
个长期性、可变换功能和扩大
de zài rén kōng jiān zhàn
的载人空间站。

hé píng hào kōng jiān zhàn shì sū lián yú nián yuè rì zì fā shè
和平号空间站是苏联于1986年2月20日自发射
hé xīn cāng hòu kāi shǐ zǔ jiàn de zhì nián yuè rì zǔ jiàn wán bì
核心舱后开始组建的，至1996年4月26日组建完毕。

hé píng hào kōng jiān zhàn yóu
和平号空间站由

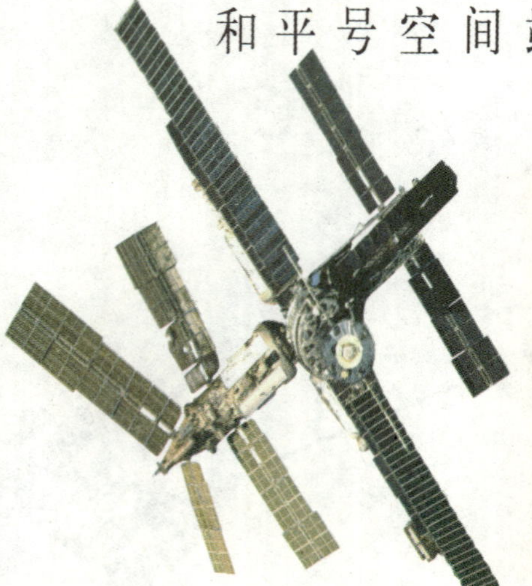

“和平号”空间站？

在“和平号”空间站最后的日子里，曾有人计划将它购买，在外太空进行对影视节目的制作，这样它就会成为世界上第一个在轨的电影及电视工作室。因此，有人赞助对和平站的修复工作，希望可以将其使用，但是由于经济的支付能力欠佳，未能如愿。

yú háng tiān yuán cháng qī duì shī xiào de shè bèi jí shí jìn xíng wéi xiū yīn cǐ
于航天员长期对失效的设备及时进行维修，因此
hé píng hào kōng jiān zhàn yì zhí yùn xíng le nián
和平号空间站一直运行了15年。
qí jiān yǒu gè guó jiā de míng
其间，有12个国家的134名
háng tiān yuán zài kōng jiān zhàn shang gōng zuò
航天员在空间站上工作
hé shēng huó guo
和生活过。

hé píng hào tài kōng zhàn
和平号太空站
zài qǔ dé huī huáng chéng jiù
在取得辉煌成就

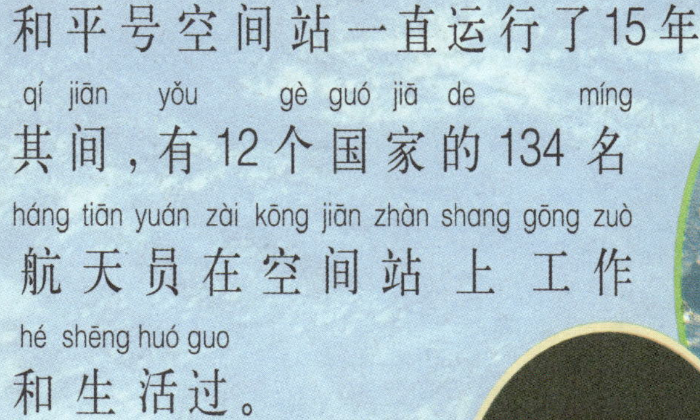

▲和平号空间站创造了许多世界之最，它环绕地球飞行了近8万圈。

de tóng shí yě jīng lì le xǔ duō fēng xiǎn tā céng jīng zāo shòu shī huǒ mì
的同时，也经历了许多风险。它曾经遭受失火、密
fēng cāng xiè lòu guǎn lù pò liè jì suàn jī shī líng wú xiàn diàn tōng xìn
封舱泄漏、管路破裂、计算机失灵、无线电通信
zhōng duàn huò yùn fēi chuán zhuàng jī děng jìn
中断、货运飞船撞击等近2 000
cì shì gù hé píng hào kōng jiān zhàn yú nián
次事故。和平号空间站于2001年
yuè rì zhuì luò zài nán tài píng yáng hǎi yù jié
3月23日坠落在南太平洋海域，结
shù le tā guāng huī yǔ mó nàn jiāo zhī de yì shēng
束了它光辉与磨难交织的一生。

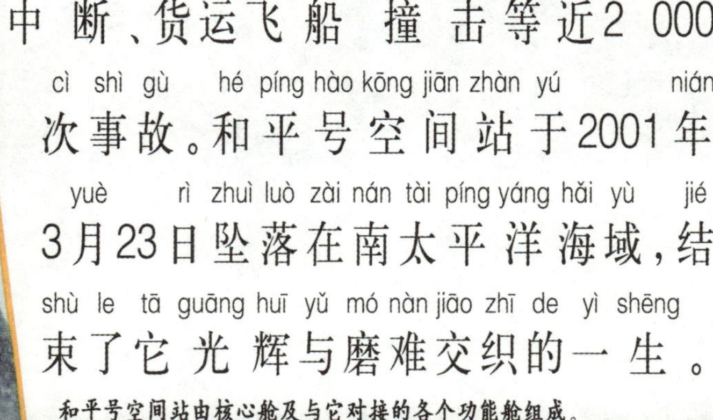

和平号空间站由核心舱及与它对接的各个功能舱组成。

CHAPTER 8 第八章

电子网络时代

21世纪是网络的时代，网络通过一只无形的手将全世界的人们联系在了一起。那么，神奇的网络到底是怎样办到的呢？

电子邮件

diàn zǐ yóu jiàn shì yì zhǒng fā sòng zhě hé jiē shōu zhě zhī jiān lì yòng tōng
电子邮件是一种发送者和接收者之间利用通
xìn wǎng luò jìn xíng wén běn shù jù tú xiàng huò yǔ yán děng xìn xī de fēi jiāo
信网络进行文本、数据、图像或语言等信息的非交
hù shì tōng xìn tōng cháng chēng wéi
互式通信，通常称为E-mail。

yǔ yóu zhèng xì tǒng xiāng bǐ diàn zǐ yóu jiàn xì
与邮政系统相比，电子邮件系
tǒng jù yǒu xùn sù gāo xiào duō yàng xìng děng yōu diǎn
统具有迅速、高效、多样性等优点；
yòu yīn wèi diàn zǐ yóu jiàn de shōu fā wú xū fā
又因为电子邮件的收发无需发
sòng zhě hé jiē shōu zhě tóng shí zài chǎng tū
送者和接收者同时在场，突
pò le chuán tǒng diàn huà
破了传统电话

互联网标志

@英文读作 at，是互联网的标志。

xì tǒng de shí jiān xiàn zhì shǐ diàn zǐ yóu jiàn hěn kuài dé yǐ pǔ jí
系统的时间限制，使电子邮件很快得以普及。

xiàn dài shè huì diàn zǐ yóu jiàn yǐ jīng zhú jiàn dài tì le chuán tǒng yóu jiàn chéng wéi rén men chuán dì xìn xī de zhǔ liú
现代社会，电子邮件已经逐渐代替了传统邮件成为人们传递信息的主流。

光纤通信

ZOUJIN AOMI SHIJIE

guāng xiān shì guāng dǎo xiān wéi de jiǎn
光纤是光导纤维的简
chēng kě yòng lái shū sòng diàn néng guāng xiān
称，可用来输送电能。光纤
de zhǔ yào yuán liào wéi shí yīng
的主要原料为石英。

yǔ qí tā tōng xìn xì tǒng xiāng bǐ guāng
与其他通信系统相比，光
xiān tōng xìn xì tǒng jù yǒu chuán shū xìn hào róng
纤通信系统具有传输信号容
liàng dà chuán shū sǔn hào xiǎo wú chuàn rǎo bǎo
量大、传输损耗小、无串扰、保
mì xìng hǎo chéng běn dī děng
密性好、成本低等

利用光纤上互联网，具有速度快、方便快捷等优点。

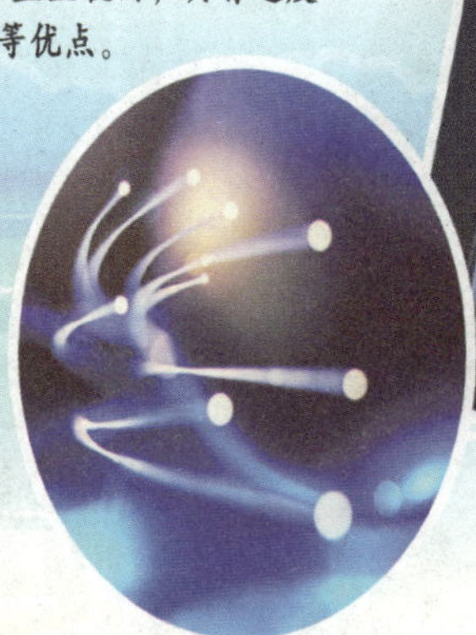

yōu diǎn guāng xiān tōng xìn xì tǒng yóu guāng zhōng duān jī zhōng jì qì hé
优点。光纤通信系统由光终端机、中继器和
guāng lǎn zǔ chéng guāng lǎn fēn wéi lù dì
光缆组成。光缆分为陆地
guāng lǎn hé hǎi dǐ guāng lǎn lù dì guāng
光缆和海底光缆。陆地光
lǎn tōng xìn bāo kuò shì nèi tōng xìn hé cháng
缆通信包括市内通信和长
tú tōng xìn hǎi dǐ guāng lǎn tōng xìn bāo kuò
途通信；海底光缆通信包括
yán hǎi tōng xìn hé guó jì tōng xìn
沿海通信和国际通信。

光纤的组成

光纤由内芯和包层组成，内芯一般为几十微米或几微米，比头发丝还要细，包层的作用是保护光缆。

光纤宽带

光纤宽带是把要传输的数据由光信号转化为电信号进行通讯的，在光纤的两端装有"光猫"进行转换。

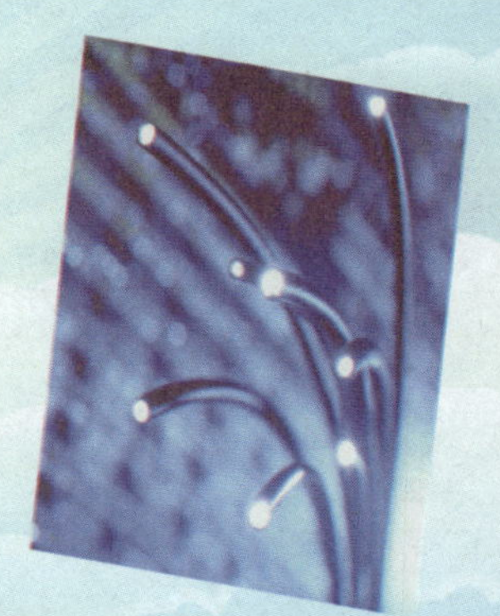

光纤传递信号?

光纤通信始于20世纪70年代。光纤通信的发展历史只有三四十年，但是却已经成为现代通信网的主要通讯手段，它与卫星通信、移动通信并列为20世纪90年代的技术。由于光纤的传输距离远，所以我们使用电脑就可以通过光纤传递信号。

微波通信

wēi bō tōng xìn shì wú xiàn diàn tōng xìn de yì zhǒng wēi bō zài kōng qì zhōng shì
微波通信是无线电通信的一种。微波在空气中是

zhí xiàn chuán bō de rén men zài měi gé qiān mǐ zuǒ yòu de dì fang jiù shè zhì yí
直线传播的，人们在每隔50千米左右的地方就设置一

gè zhōng jì zhàn zhōng jì zhàn kě yǐ bǎ chuán sòng lái de wēi bō jīng guò fàng dà
个中继站，中继站可以把传送来的微波经过放大，

rán hòu zài sòng dào xià yí gè zhōng jì zhàn wēi bō jiù shì tōng guò zhè zhǒng fāng shì
然后再送到下一个中继战。微波就是通过这种方式

tōng xìn de
通信的。

wǒ guó de zhōng yāng diàn shì tái měi tiān yào
我国的中央电视台，每天要

特点

微波通信具有容量大、质量好、传送距离远等特点。

bō fàng shàng qiān gè jié mù zhè xiē jié mù jiù shì yóu
播放上千个节目，这些节目就是由
běi jīng wēi bō shū niǔ zhàn jīng guò guó nèi sì gè fāng xiàng
北京微波枢纽站经过国内四个方向
de wēi bō gàn xiàn sòng wǎng gè shěng shì qū diàn shì
的微波干线送往各省、市、区电视
tái zài jīng guò gè dì de diàn shì fā shè jī zhuǎn bō
台，再经过各地的电视发射机转播。

wēi bō jiē lì tōng xìn de zhǔ yào yōu diǎn yǒu chuán sòng de xìn hào róng liàng
微波接力通信的主要优点有：传送的信号容量
dà wéi hù jiǎn biàn bǎo mì xìng bǐ qí tā
大；维护简便；保密性比其他
tōng xìn fāng shì hǎo de duō
通信方式好得多。

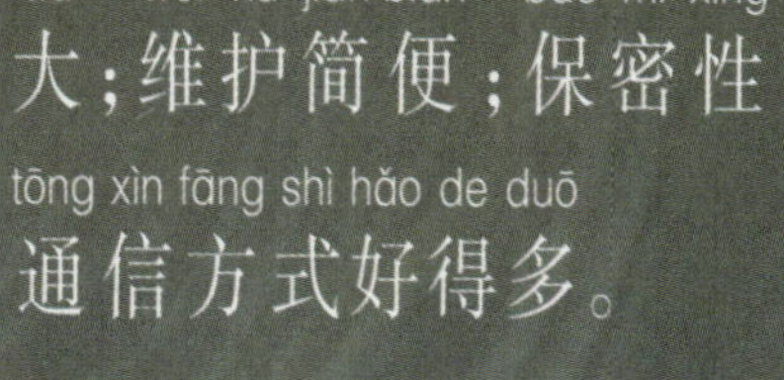

通信技术

微波通信技术是国家通信网的一种重要通信技术。

微波通信的特点？

微波通信的抗灾性能十分优越，在一定条件下可以抵制风灾、水灾等自然灾害，但是在空中传送信号时，容易受到干扰，因为信号的输送是有一定标准的，所以微波电路要符合无线电管理部门的要求，才能正常运行和使用。

笔记本电脑

ZOUJIN AOMI SHIJIE

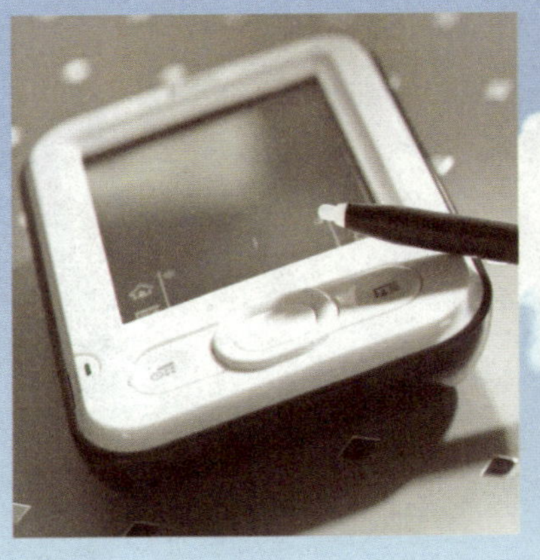

bǐ jì běn diàn nǎo jiǎn chēng
笔记本电脑简称NB，
shì shì jì nián dài fā zhǎn qi lai de
是20世纪90年代发展起来的
yì zhǒng tǐ jī xiǎo zhòng liàng qīng fāng biàn líng huó de jì suàn jī yòu chēng
一种体积小、重量轻、方便灵活的计算机，又称
shǒu tí diàn nǎo zhè zhǒng diàn nǎo yì bān zhǐ yǒu gōng wén bāo dà xiǎo zhòng
手提电脑。这种电脑一般只有公文包大小，重
liàng bù chāo guò qiān kè biàn yú suí shēn xié dài tōng guò wú xiàn diàn huà hái
量不超过5千克，便于随身携带，通过无线电话还
néng lián rù wǎng luò jìn xíng tōng xìn
能连入网络进行通信。
bǐ jì běn diàn nǎo cóng yòng tú
笔记本电脑从用途

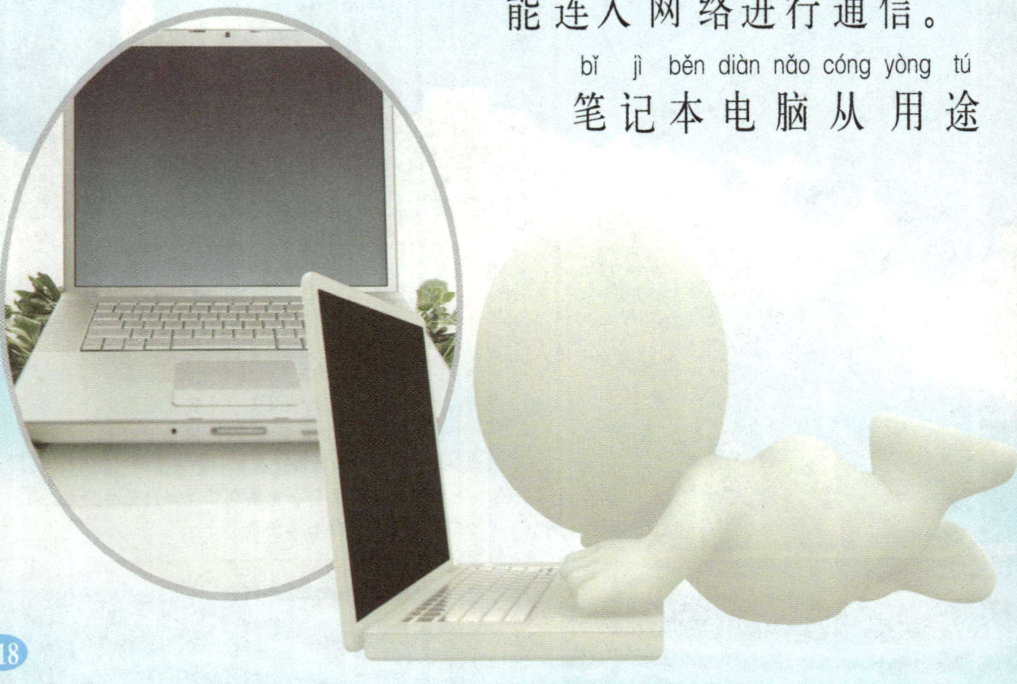

▲笔记本电脑正朝着便携、低耗能、高性能的方向发展。

shang lái kàn kě yǐ fēn wéi sì lèi
上来看可以分为四类：
shāng wù xíng shí shàng xíng duō méi
商务型、时尚型、多媒
tǐ yìng yòng xíng tè shū yòng tú
体应用型、特殊用途
xíng xiàn zài yǒu de bǐ jì běn zhǐ
型。现在有的笔记本只
yǒu bā zhang dà xiǎo què jù yǒu
有巴掌大小，却具有PC
jī de suǒ yǒu gōng néng shēn shòu
机的所有功能，深受
rén men de xǐ ài
人们的喜爱。

wèi lái bǐ jì běn huì chéng wéi rén men bàn
未来，笔记本会成为人们办
gōng yú lè de shǒu xuǎn jī
公、娱乐的首选机。

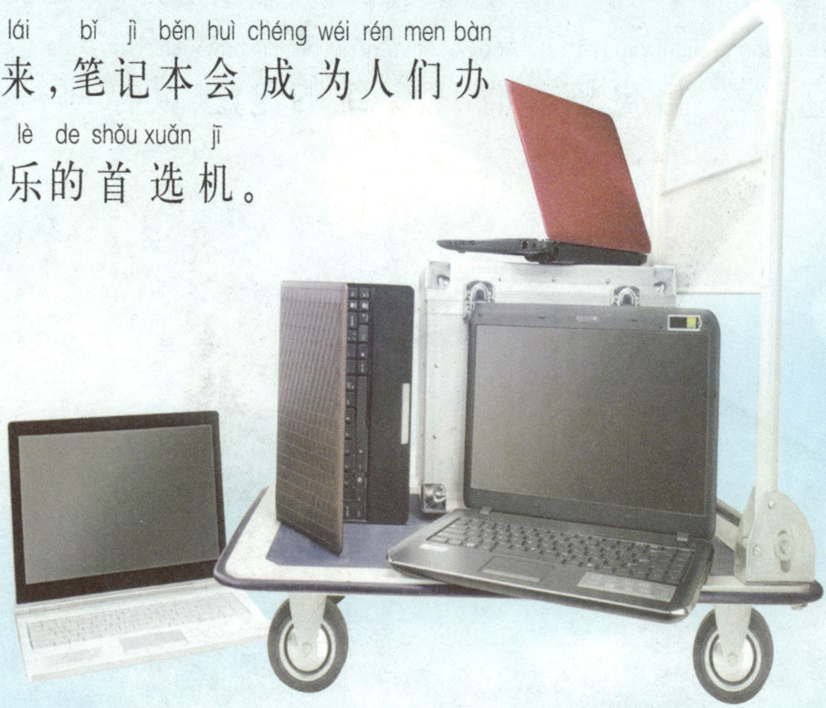

掌上电脑

ZOUJIN AOMI SHIJIE

zhǎng shang diàn nǎo jí shì gè rén shù zì zhù lǐ de yì si yòng yú
掌上电脑即PDA，是个人数字助理的意思，用于
gè rén xìn xī de chǔ cún yìng yòng hé guǎn lǐ zhǎng shang diàn nǎo shì yì
个人信息的储存、应用和管理。掌上电脑是一
zhǒng chāo wēi xíng jì suàn jī shì jì bǐ jì běn diàn nǎo zhī hòu jì suàn jī
种超微型计算机，是继笔记本电脑之后计算机
xiǎo xíng huà de yòu yì chéng guǒ zhǎng shang diàn nǎo yì bān zhǐ yǒu shǒu
小型化的又一成果。掌上电脑一般只有手
zhǎng dà xiǎo kě yǐ zhuāng rù kǒu dài zhòng liàng zài
掌大小，可以装入口袋，重量在500~1 000
kè zhǎng shang diàn nǎo qǔ xiāo le chuán tǒng de jiàn pán shǔ biāo děng
克。掌上电脑取消了传统的键盘、鼠标等

掌上电脑可以与网络进行通信。

shū rù shè bèi dài zhī yǐ tè zhì de shū rù bǐ
输入设备，代之以特制的输入笔，
zhí jiē zài yè jīng píng mù shang yòng shǒu xiě shū rù
直接在液晶屏幕上用手写输入
wén zì
文字。

zhǎng shang diàn nǎo jù yǒu
掌上电脑具有
qiáng dà de xiū xián yú lè gōng néng kě yǐ kàn diàn yǐng dú
强大的休闲娱乐功能，可以看电影、读
diàn zǐ shū wán yóu xì xué wài yǔ shàng wǎng liú lǎn wǎng
电子书、玩游戏、学外语、上网浏览网
yè děng tā yǐ jīng chéng wéi rén men shēng huó zhōng bù kě
页等，它已经成为人们生活中不可
quē shǎo de bì bèi yòng pǐn
缺少的必备用品。

掌上电脑与台式机？

掌上电脑和台式机有很多相像的地方，比如它们都有CPU、存储器、显示芯片以及操作系统。正如个人电脑有Mac和Windows之分，根据操作系统不同，PDA有Palm和PPC之分，但大体上功能是相同的。

guó jì hù lián wǎng yòu jiào yīn tè
国际互联网，又叫因特
wǎng tā jiāng quán shì jiè de wǎng luò lián jiē
网，它将全世界的网络连接
zài yì qǐ ér chéng wéi yí gè quán qiú xìng wǎng
在一起而成为一个全球性网
luò tā lián jié le shì jiè shang yì bǎi duō gè
络。它联结了世界上一百多个

guó jiā shù yǐ yì jì de diàn nǎo yì bān lái shuō yīn tè wǎng yǒu liǎng dà yòng
国家数以亿计的电脑。一般来说，因特网有两大用
tú chá yuè gè lèi wǎng yè hé shōu fā xìn hán
途：查阅各类网页和收发信函。

xiàn zài rén men jī hū kě yǐ zài hù lián wǎng shang jìn xíng rèn hé shì
现在人们几乎可以在互联网上进行任何事
qing chá yuè zī liào xué xí kàn diàn yǐng dú shū huò zhě shì jiàn lì zì jǐ
情，查阅资料、学习、看电影、读书，或者是建立自己
de kōng jiān bó kè zài lǐ miàn fā biǎo zì jǐ de xiǎng fǎ xiàn dài shè huì
的空间、博客，在里面发表自己的想法。现代社会
zhōng rén men de shēng huó yǐ jīng lí bu kāi hù lián wǎng
中，人们的生活已经离不开互联网。

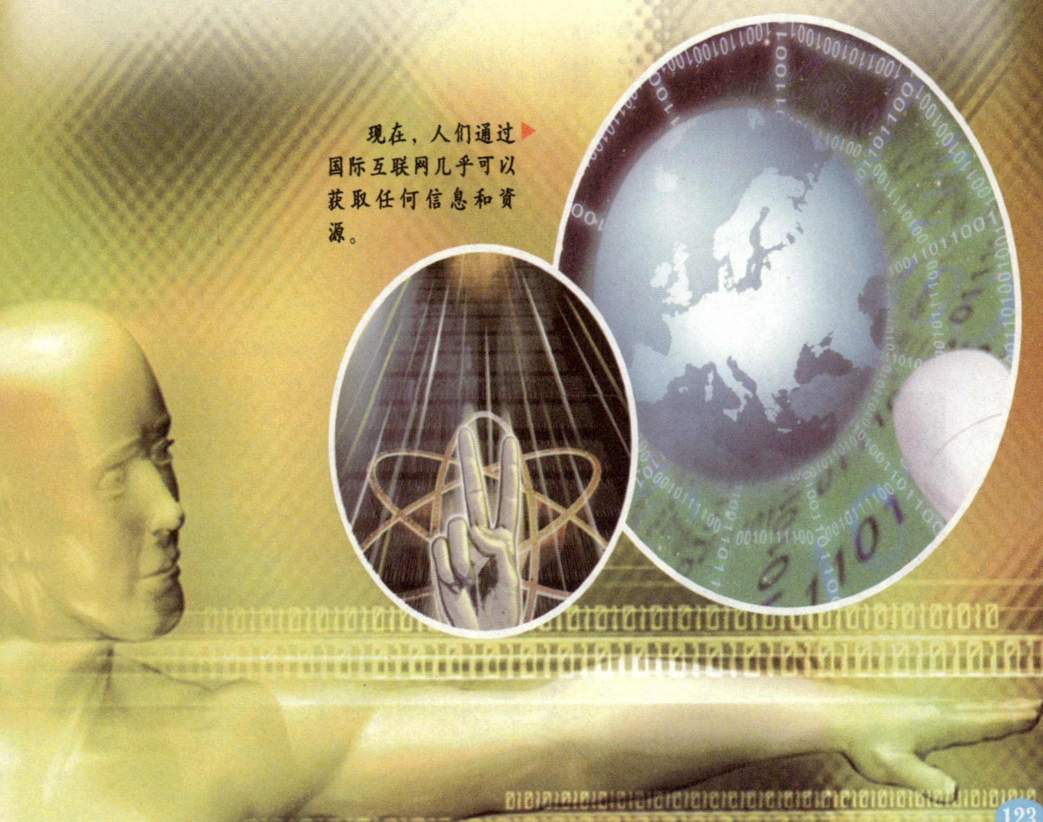

现在，人们通过国际互联网几乎可以获取任何信息和资源。

黑客

ZOUJIN AOMI SHIJIE

hēi kè shì yīng wén yì cí de
黑客是英文“Hacker”一词的
yīn yì dà yì shì zhǐ diàn nǎo xì tǒng de fēi fǎ
音译，大意是指电脑系统的非法
rù qīn zhě
入侵者。

diàn nǎo hēi kè shì diàn nǎo hé
电脑黑客是电脑和
wǎng luò ān quán de yí dà wēi hài
网络安全的一大危害。
hēi kè píng jiè guò rén de diàn nǎo jì shù néng
黑客凭借过人的电脑技术能
gòu bú shòu xiàn zhì de zài wǎng luò li wéi suǒ yù wéi jīng cháng yǒu guān yú hēi
够不受限制地在网络里为所欲为。经常有关于黑
kè pò huài le tā rén diàn nǎo xì tǒng de bào
客破坏了他人电脑系统的报
dào rén men yīng dāng yùn yòng diàn nǎo zhī shi
道，人们应当运用电脑知识
gèng hǎo de gōng zuò hé shēng huó ér bú shì
更好地工作和生活，而不是
yǐ pò huài wǎng luò shè shī qiè qǔ tā rén
以破坏网络设施、窃取他人

黑客一般都是十分精通电脑的人。

xìn xī zī liào wéi lè gèng bù néng suí yì qīn
信息资料为乐，更不能随意侵
fàn tā rén quán yì fǒu zé jiāng huì shòu dào fǎ
犯他人权益，否则将会受到法
lǜ de zhì cái
律的制裁。

文明上网

我们提倡文明上网，这样才能保持一个良好的网络环境。

黑客的来历？

1946年，最早的计算机在美国宾夕法尼亚大学诞生。20世纪50年代，最早的黑客在麻省理工学院诞生。当时学院里的一个学生组织中的一些成员不满政府当局对某个电脑系统所采取的限制措施，而自己闯入系统，于是最早的黑客诞生了。

防火墙

ZOUJIN AOMI SHIJIE

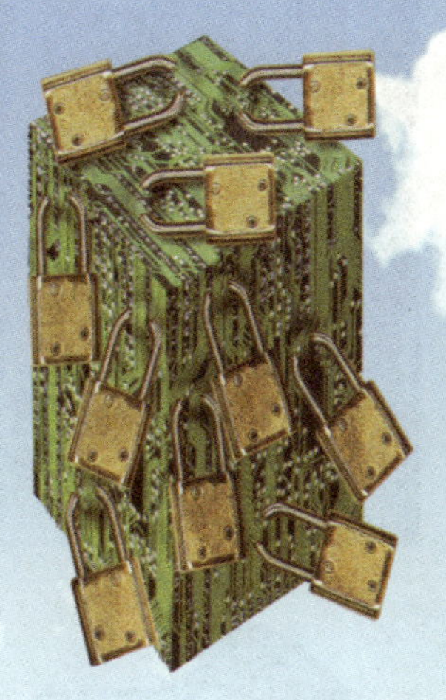

wèi le fáng zhǐ bìng dú rù qīn diàn nǎo rén men
为了防止病毒入侵电脑，人们
fā míng le shā dú ruǎn jiàn hé fáng huǒ qiáng fáng huǒ
发明了杀毒软件和防火墙。防火
qiáng shì zhǐ wèi le fáng zhǐ bìng dú huò fēi fǎ pò huài
墙是指为了防止病毒或非法破坏
zhě rù qīn dào nèi bù wǎng luò ér cǎi qǔ de yì zhǒng
者入侵到内部网络而采取的一种
jì shù cuò shī
技术措施。

fáng huǒ qiáng yóu yìng jiàn hé ruǎn jiàn zǔ chéng chǔ yú diàn nǎo nèi bù wǎng
防火墙由硬件和软件组成，处于电脑内部网
luò hé wài bù wǎng luò zhī jiān
络和外部网络之间，
diàn nǎo nèi liú tōng de shù jù
电脑内流通的数据

zī yuán dōu yào jīng guò fáng huǒ qiáng de chǔ
资源都要经过防火墙的处

lǐ shè zhì fáng huǒ qiáng kě yǐ jù jué wài
理。设置防火墙，可以拒绝外

miàn fā chū de kě néng shì bìng dú de
面发出的可能是病毒的

shù jù qǐng qiú yě néng zǔ zhǐ nèi bù
数据请求，也能阻止内部

guān jiàn shù jù chuán dào wài miàn
关键数据传到外面。

xiàn dài shè huì zhōng de suǒ yǒu
现代社会中的所有

jì suàn jī dōu jù yǒu fáng huǒ qiáng
计算机都具有防火墙，

ér fáng huǒ qiáng yě zhōng shí de lǚ xíng zhe zì jǐ bǎo wèi
而防火墙也“忠实地履行着自己保卫

wǎng luò ān quán de zhí zé
网络安全的职责”。

作用▶

防火墙像锁链一样能够将电脑信息“锁住”。

第四代防火墙

1992年，USC信息院开发出了一种基于动态包过滤技术的第四代防火墙，后来，这种技术演变成状态监视技术。1994年，以色列的一家公司率先研制出第一个采用这种技术的商业化产品。

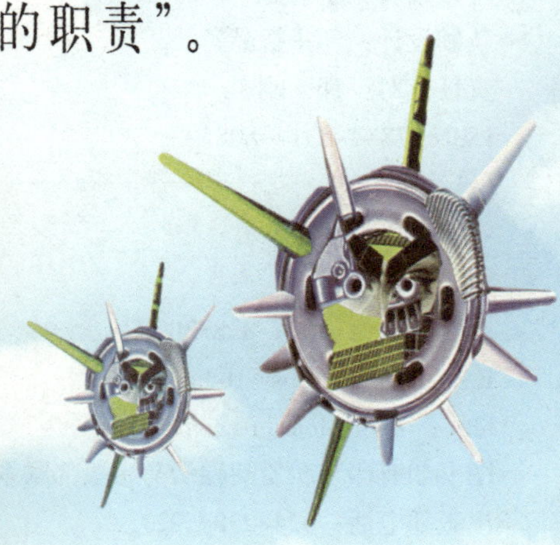

图书在版编目（C I P）数据

令孩子着迷的科学奥秘传奇 / 雨田主编 . — 沈阳：辽宁美术出版社，2018.7（2023. 6重印）
（走进奥秘世界）
ISBN 978-7-5314-8085-3

Ⅰ . ①令… Ⅱ . ①雨… Ⅲ . ①科学知识—青少年读物
Ⅳ . ① Z228.2

中国版本图书馆 CIP 数据核字 (2018) 第 146504 号

出 版 社：辽宁美术出版社
地　　址：沈阳市和平区民族北街 29 号　邮编：110001
发 行 者：辽宁美术出版社
印 刷 者：北京一鑫印务有限责任公司
开　　本：650mm × 950mm　1/16
印　　张：8
字　　数：70 千字
出版时间：2018 年 7 月第 1 版
印刷时间：2023 年 6 月第 3 次印刷
责任编辑：申虹霓
装帧设计：新华智品
责任校对：郝　刚
ISBN 978-7-5314-8085-3

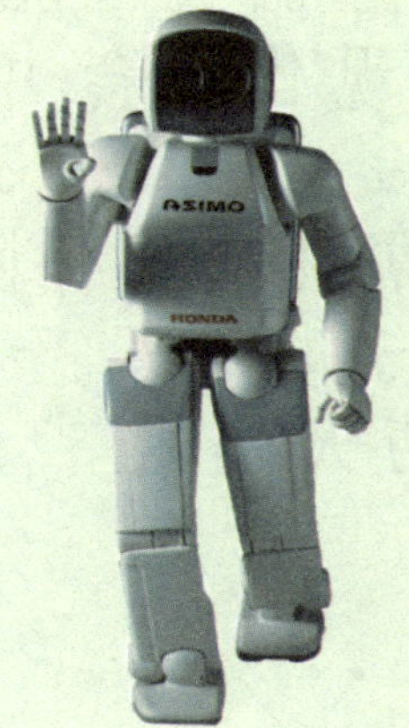

定　　价：39. 80 元

邮购部电话：024-83833008
E-mail： lnmscbs@163.com
http： //www.lnmscbs.com
图书如有印装质量问题请与出版部联系调换
出版部电话：024-23835227